Oliver Collignon

STADTQUARTIER MARIENHÖFE

Ein Planungsbericht

WASMUTH VERLAG

collignonarchitektur
MARIENHÖFE

Inhalt

Das Intro 5
Interview 1–3/16 6

DAS KONZEPT 9

Stadtquartier Marienhöfe 10
Datenblatt 13
Das Grundstück 15
Das Planungskonzept 17
Die Freiräume 21
Verbindungen 25
Motorisierter Verkehr 27
Nutzungen im Stadtquartier 30
Interview 4–6/16 32
Nachhaltigkeit 34
ESG-Nachweise 37

DIE HÄUSER 39

Architektonische Gestaltungsfamilien 42
Farbkonzept 47

Gewerbe 48
Hotel 51
Interview 6–7/16 56
Handwerk 59
Innovationszentren 69
Büro, Forschung, Lehre 81
Interview 8–9/16 82
Bürohochhaus 99
Interview 10–11/16 110

Wohnen 112
Wohnen am Hof 115
Wohnen im Holzhybrid 127
Interview 12–13/16 140
Wohnen und Versorgung 143

Soziales 158
Gesundheit 161
Generationen 173
Interview 14–15/16 174
Gemeinschaftshaus 183
Interview 16/16 196
Tiefgarage 199

DER ANHANG 206

Anerkennungen 208
Das Collignon Architektur Team 211
Impressum 212

„Ich habe mir das Projekt wieder angeschaut und bin beeindruckt von der riesigen Aufgabe, die im Wesentlichen durch ein Büro bewältigt wird. Chapeau! Was für eine Verantwortung, was für eine Leistung, dies in der vorgetragenen Qualität hinzubekommen."

Regula Lüscher
Dipl. Arch. ETH/BDA
Ehemalige Senatsbaudirektorin und Staatssekretärin für Stadtentwicklung, Berlin
Honorarprofessorin für Stadtentwicklung Universität der Künste Berlin

Das Intro

Dieses Buch dokumentiert einen glücklichen Umstand: Ein neues Stück Berlin für 12.000 Menschen aus einer Hand – durchgeplant und gestaltet komplett vom ersten Strich des Masterplans bis zur Türklinke. Ein Prozess, der uns Architekten sieben Jahre in Atem gehalten hat. Meine unerschütterlich humanistische Haltung findet sich in dem Ergebnis genauso wieder wie die Vereinigung all der technischen Details, die ein zukunftsfähiges Projekt ausmachen.

Städte müssen Menschen Freude machen – sie entstehen, damit wir Beziehungen knüpfen und besser in Austausch treten können. Städte bilden Heimat und die Basis für Kultur und modernes Wirtschaften. Dazu werden Räume geschaffen, öffentliche und private, die sich aufeinander beziehen, die immer wieder neu von Menschen angeeignet und verändert werden. Im Idealfall ist Stadt also ein lebendiger Organismus – ein Raum der Möglichkeiten zur persönlichen Verwirklichung, zur Erfüllung unserer individuellen und kollektiven Bedürfnisse.

Ein Stück Stadt aus einer Brache neu zu schaffen, hieß für uns: Räume so zu bilden und Nutzungen so anzuordnen, dass sie begegnungsreiche Interaktionen unterstützen, dass Menschen zusammengebracht werden. Aufenthalts- und Transitorte ergänzen sich. Rückzug und Bewegung werden zu einem inspirierenden Flow, „tote" Bereiche werden vermieden. Orte zum Wohnen und Arbeiten, für Versorgung und Gastronomie, Sport und Kultur werden intelligent vernetzt, um positive Spannungsfelder zu schaffen. Gebäude sollen maximal flexibel für künftige Nutzungen sein, offen, einladend, mit transparenten Erdgeschossen und öffentlichen – das heißt gemeinsamen – Nutzungen für die Menschen.

Das Ziel sind sozial nachhaltige Quartiere, die auch in Zukunft lebendig bleiben, weil Menschen sich darin wohlfühlen, Schönheit erleben und ihre persönlichen Ziele verwirklichen können. Und weil sie sich an die vielfältigen zukünftigen Anforderungen anpassen können. Dieses Ziel sollte uns allen – über alle ökonomischen Fragen hinaus – vor Augen stehen.

Das Stadtquartier Marienhöfe liegt nun als komplette Planung vor. Ich wünsche der Bauherrenschaft die glückliche Hand bei der Auswahl der Baufirmen und für eine erfolgreiche Fertigstellung in der geplanten Qualität.

Oliver Collignon, 1. Juni 2024

16 Fragen zu Stadt, Architektur und Projektentwicklung

Interview 1–3/16

Oliver Collignon, Dipl.-Ing, Architekt BDA
Gründer, kreativer Kopf und Geschäftsführer CollignonArchitektur

Studium der Architektur (und Philosophie) in Berlin, Stuttgart, IIT Chicago
1984–1993 London u. a. bei Richard Rogers Partnership
1994 Gründung CollignonArchitektur

Heike Warns
Studioleitung und Projektleitung,

Studium der Architektur in Berlin und Delft
2000–2004 Chestnutt Niess Architekten BDA
seit 2004 CollignonArchitektur
Gesamtprojektleiterin Stadtquartier Marienhöfe, Berlin

Tilman Weitz
Projektleitung

Studium der Architektur in München, Berlin und London
Mitarbeit bei verschiedenen Architekturbüros in Hamburg und Berlin
seit 2014 CollignonArchitektur
Teilprojektleiter Städtebau Stadtquartier Marienhöfe, Berlin

1. Wie kam es zu dieser Beauftragung und was macht dieses Projekt besonders?

Oliver Collignon Die Beauftragung ergab sich aus dem früheren Projekt „Wohnquartier Neu-Schöneberg", bei dem wir für die Auftraggeber bereits ein kleines Stadtquartier in Schöneberg mit circa 50.000 Quadratmetern zwischen der Bautzener Straße und den S-Bahn Gleisen entwickelt haben. Nach Abschluss dieses ersten Projekts wurde ein weiteres Grundstück aktuell, eine ehemalige Brachfläche, für die man uns nun erneut anfragte, die Planung zu übernehmen. Was dieses Projekt besonders macht, ist nicht nur die Größe des Quartiers und seine Insellage, sondern auch die Tatsache, dass sowohl der städtebauliche Entwurf als auch die Planung aller Gebäude in die Hände eines Büros gelegt wurden.

2. Wie war der Planungsprozess und das Genehmigungsverfahren?

Tilman Weitz Der Planungsprozess begann im Juli 2017 mit der Bitte, einen Masterplan für das gesamte Gelände zu entwickeln. In einem aktiven Dialog und in engem Austausch mit den verantwortlichen Mitgliedern der Bauverwaltung des Bezirks Tempelhof-Schöneberg und den Bauherren wurde dieser Plan dann städtebaulich erarbeitet und abgestimmt. Unser Stadtraumkonzept mit seinen Baukörpern, Raumfolgen, den vielen Grünflächen und einer lebendigen Nutzungsmischung entstand schon früh. Es hat mit Anpassungen alle Beteiligten überzeugen können. Die städtebaulichen Überlegungen mündeten schließlich in ein Bebauungsplanverfahren, das am 18. Juli 2023 mit Festsetzung des Bebauungsplans abgeschlossen wurde.

Der B-Plan basierte auf unserem städtebaulichen Konzept. Parallel zum Aufstellungsverfahren waren wir mit der Planung der 20 vorgesehenen Gebäude und einer Tiefgarage, die unterirdisch das gesamte Quartier verbindet, beauftragt und beschäftigt. Wir haben die Bebauung bis ins Einzelne durchdacht und mit einer detaillierten Entwurfs- und Genehmigungsplanung sowie umfangreichen Leitdetails und Gestaltungskonzepten für die Gebäude planerisch und gestalterisch „bis zur Türklinke hin" definiert.

3. Wer waren die treibenden Akteure?

Heike Warns Die Bauherrenschaft, ein Family Office aus Dortmund, setzte sich mit großem persönlichem Einsatz für das Projekt ein. Unsere städtebaulichen und architektonischen Ansätze waren ungewöhnlich und entstanden in großem Einvernehmen mit den Bauherren. Auch die Funktionsverteilung innerhalb des Quartiers beruht wesentlich auf unseren Vorschlägen.

Seitens der Genehmigungsbehörde wurde das Projekt von Anfang an unterstützt, auch wenn es zu langwierigen Abstimmungen in Einzelfragen kam. Besonders hervorzuheben ist dabei der damalige Baustadtrat und heutige Bezirksbürgermeister Jörn Oltmann, der sich sehr für unsere Planung einsetzte und durch die erforderliche politische Rückendeckung einen erfolgreichen Verlauf möglich gemacht hat.

Fortsetzung Seite 32

DAS KONZEPT

Stadtquartier Marienhöfe

Das Stadtquartier Marienhöfe liegt auf einem rund zehn Hektar großen, brach brachliegenden Gelände des ehemaligen Mariendorfer Güterbahnhofs in Berlin-Tempelhof, an der Grenze zum Stadtbezirk Steglitz. Die Planung des vielseitigen Quartiers orientiert sich an der typischen Berliner Mischung aus Wohnen, Arbeiten, sozialer Infrastruktur und Nahversorgung. 20 Gebäude mit einer Gesamtfläche von 220.000 Quadratmetern BGF formen einen vielfältigen Stadtraum, der auf soziale Verbundenheit, Produktivität und Nachhaltigkeit setzt. Es entsteht ein zukunftsfähiges Quartier, das dank eines ganzheitlichen, innovativen Energiekonzepts im Betrieb CO_2-neutral ist. Das Umfeld ist geprägt von überwiegender Wohnbebauung, aber auch von Gewerbeansiedlungen.

DATENBLATT, SEITE 13

DAS GRUNDSTÜCK, SEITE 15

DAS PLANUNGSKONZEPT, SEITE 17

DIE FREIRÄUME, SEITE 21

VERBINDUNGEN, SEITE 25

MOTORISIERTER VERKEHR, SEITE 27

NUTZUNGEN IM STADTQUARTIER, SEITE 30

NACHHALTIGKEIT, SEITE 34

ESG-NACHWEISE, SEITE 37

MARKT

Datenblatt

Adresse
Attilastraße, Röblingstraße, 12105 Berlin

Status
Direktauftrag 2017

Flächen
Grundstücksfläche: ca. 100.000 m²
Bruttogrundfläche (BGF) gesamt: ca. 220.000 m², davon ca. 170.000 m² oberirdisch

Nutzungen
Wohnen ca. 83.000 m² BGF Mietwohnungen, davon ca. 22.000 m² BGF sozial gefördertes Wohnen (30 % der Wohnungen), insgesamt ca.770 Wohnungen, dazu ca.300 Wohnplätze für Geflüchtete (in BGF Mietwohnungen enthalten)

Gewerbe ca. 87.000 m² BGF Gewerbe, u. a. Büros, Einzelhandel, Flächen für Bildung und Forschung, Coworking, Tagung/Hotel, Gastronomie und ein Handwerkshaus (ca. 10.000 m²) mit subventionierten Quadratmeterpreisen

Tiefgarage ca. 35.000 m² BGF für 815 PKWs,
13 Lieferfahrzeuge und 1.600 Fahrräder

Soziale Infrastruktur Kita, betreutes Wohnen, Seniorenpflege, Gesundheitszentrum, Angebote für Jüngere, Quartiersshop, Fitness, Café und Book-Shop, Kinderbibliothek

Auszeichnung
Stadtquartier DGNB Vorzertifikat Platin (höchste erreichbare Zertifizierung im Bereich Nachhaltigkeit der Deutschen Gesellschaft für Nachhaltiges Bauen)

Baubeginn
Voraussichtlich Ende 2024

Linke Seite: Blick auf das Gemeinschaftshaus vom Quartiersplatz Nord

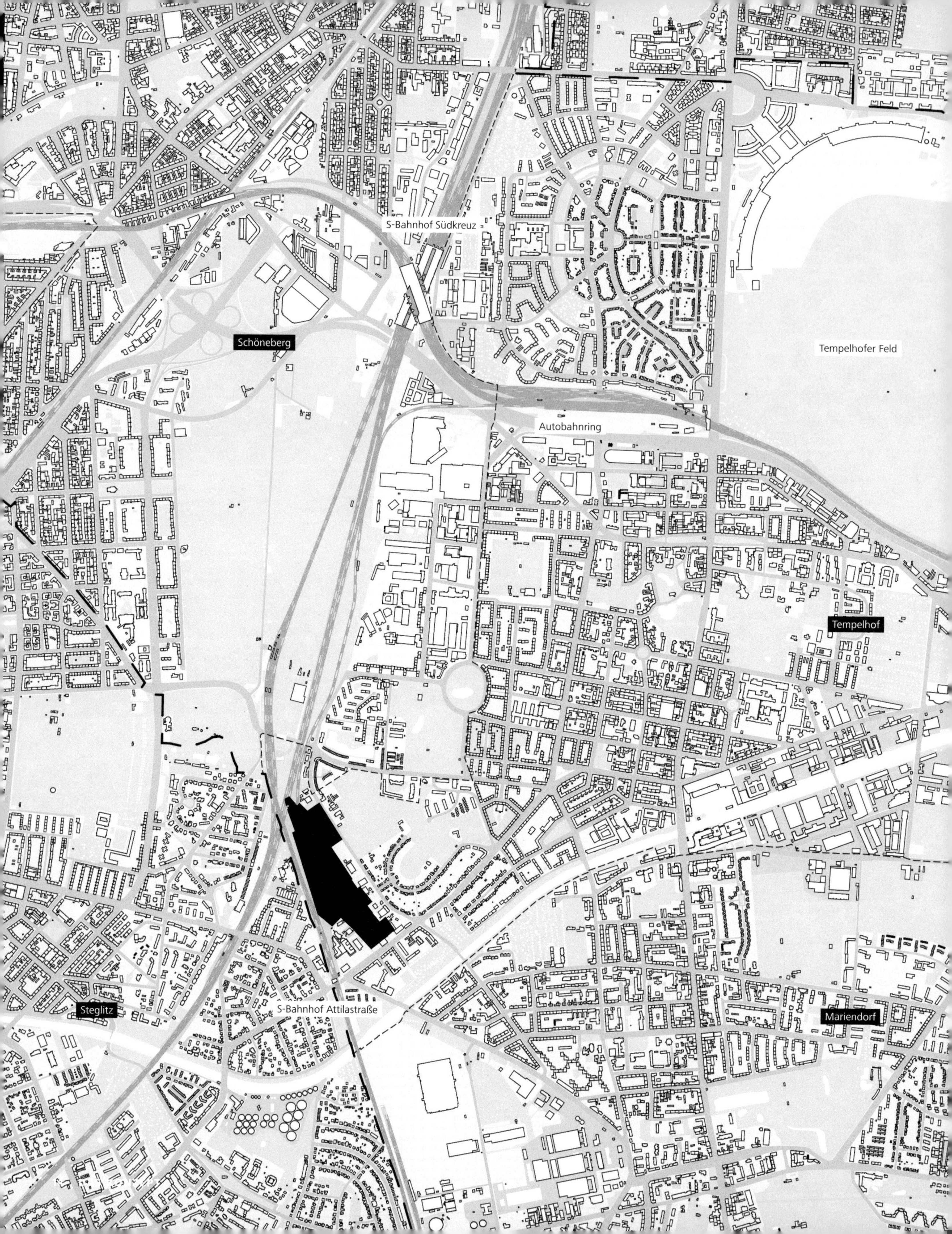
S-Bahnhof Südkreuz
Schöneberg
Tempelhofer Feld
Autobahnring
Tempelhof
Steglitz
S-Bahnhof Attilastraße
Mariendorf

Das Grundstück

Nachhaltige Entwicklung eines brach liegenden Geländes

Das Gelände liegt im südlichen Teil des Berliner Stadtbezirks Tempelhof-Schöneberg und grenzt fast an den Bezirk Steglitz. Zwei Kilometer südlich vom Berliner Autobahn- und S-Bahnring gelegen – zum Tempelhofer Feld sind es 3,5 Kilometer –, geht es um die städtebauliche Entwicklung einer innerstädtischen Randlage.

Geografisch ist das Gelände auf seiner Westseite durch eine S-Bahntrasse begrenzt. Dazu gehört auch die S-Bahnstation Attilastraße, die sich in unmittelbarer Nähe befindet. Bis zu seiner östlichen Eingrenzung durch die Röblingstraße steigt das Gelände um bis zu sieben Meter an.

Auf dem Grundstück befanden sich bei Beginn der Planung vor allem die Lagerhallen des ehemaligen Güterbahnhofs Mariendorf aus der Nachkriegszeit sowie eine Filiale des Hellweg-Baumarkts. Diese nicht mehr genutzten Gewerbegebäude werden durch das neue, nachhaltige Stadtquartier ersetzt.

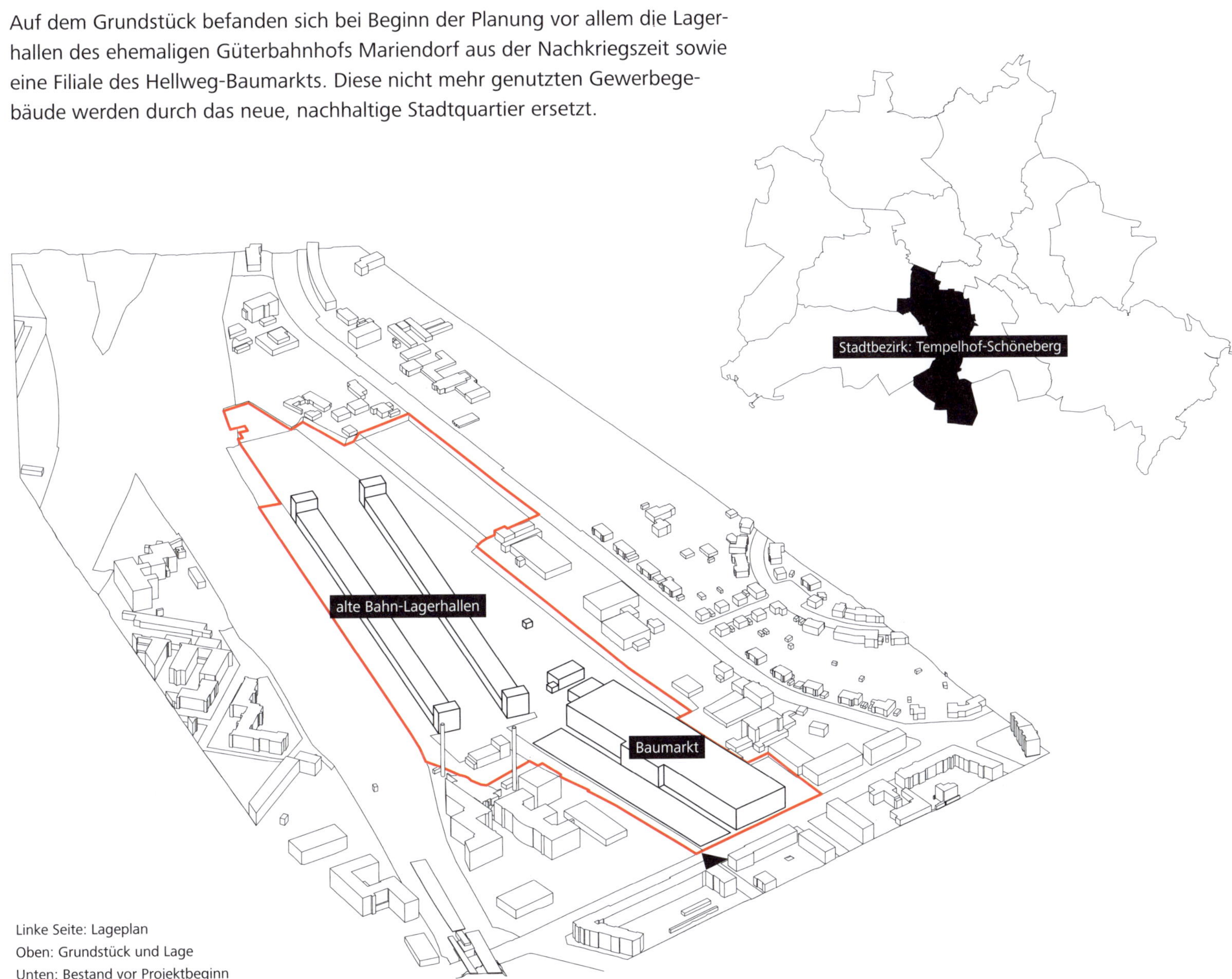

Linke Seite: Lageplan
Oben: Grundstück und Lage
Unten: Bestand vor Projektbeginn

Das Planungskonzept

Bildung von Stadträumen mit zentralem Grünraum durch Einzelbaukörper

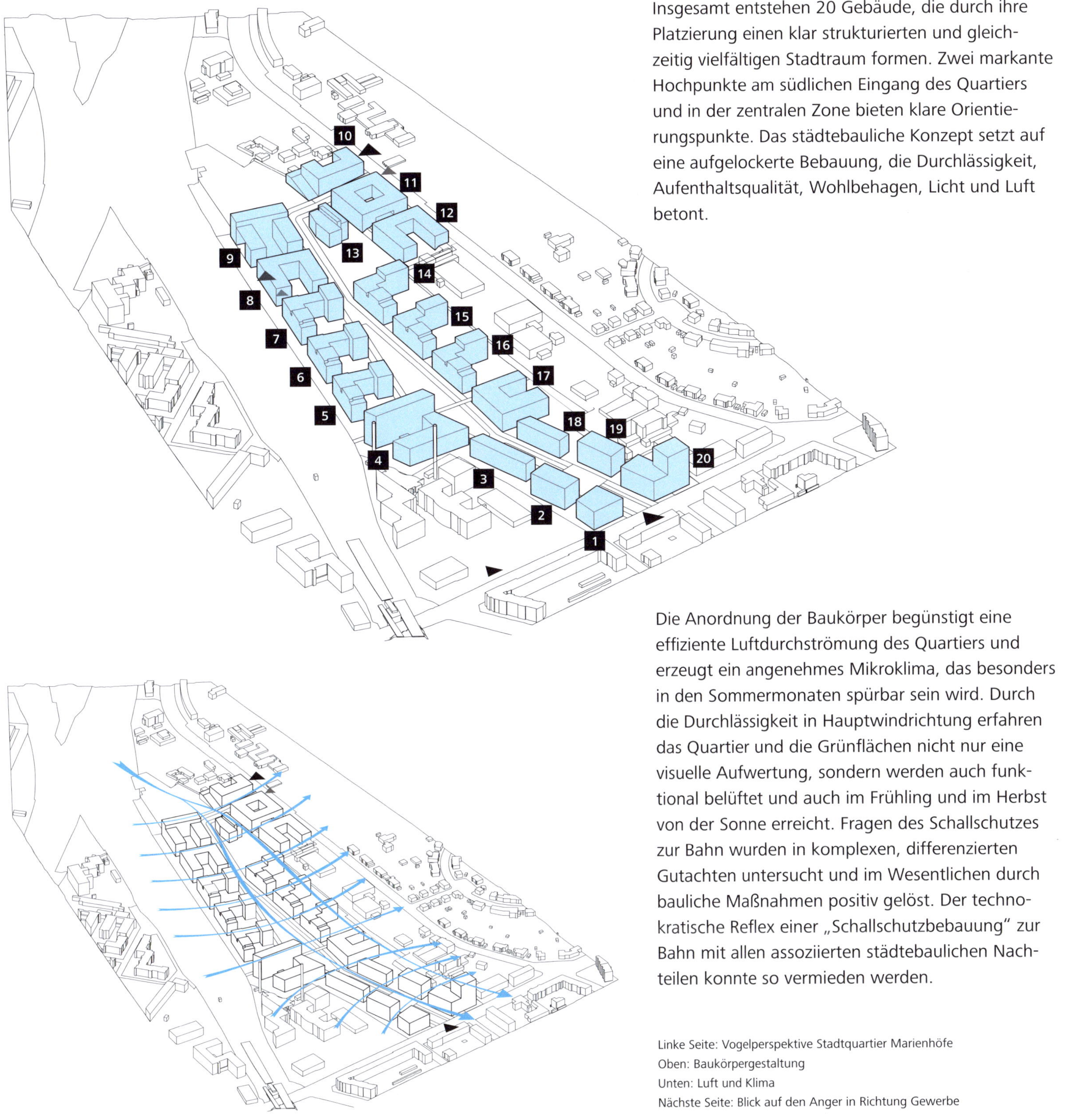

Insgesamt entstehen 20 Gebäude, die durch ihre Platzierung einen klar strukturierten und gleichzeitig vielfältigen Stadtraum formen. Zwei markante Hochpunkte am südlichen Eingang des Quartiers und in der zentralen Zone bieten klare Orientierungspunkte. Das städtebauliche Konzept setzt auf eine aufgelockerte Bebauung, die Durchlässigkeit, Aufenthaltsqualität, Wohlbehagen, Licht und Luft betont.

Die Anordnung der Baukörper begünstigt eine effiziente Luftdurchströmung des Quartiers und erzeugt ein angenehmes Mikroklima, das besonders in den Sommermonaten spürbar sein wird. Durch die Durchlässigkeit in Hauptwindrichtung erfahren das Quartier und die Grünflächen nicht nur eine visuelle Aufwertung, sondern werden auch funktional belüftet und auch im Frühling und im Herbst von der Sonne erreicht. Fragen des Schallschutzes zur Bahn wurden in komplexen, differenzierten Gutachten untersucht und im Wesentlichen durch bauliche Maßnahmen positiv gelöst. Der technokratische Reflex einer „Schallschutzbebauung“ zur Bahn mit allen assoziierten städtebaulichen Nachteilen konnte so vermieden werden.

Linke Seite: Vogelperspektive Stadtquartier Marienhöfe
Oben: Baukörpergestaltung
Unten: Luft und Klima
Nächste Seite: Blick auf den Anger in Richtung Gewerbe

15

6

Die Freiräume

Durch die Gestaltung von Stadträumen und Grünflächen zwischen Attilastraße und Röblingstraße entstehen vielfältige und funktionsgerechte Bereiche. Die innovative Planung in enger Zusammenarbeit mit dem Landschaftsarchitekturbüro Atelier Loidl führt zur Entwicklung großzügiger Freiräume und Grünanlagen. Die Freiflächen zeichnen sich durch ihre offene und einladende Atmosphäre aus und bilden einen bewussten Kontrast zu den rechteckigen und kubischen Gebäudeformen.

Quartiersplätze

Die Quartiersplätze im Süden und Norden dienen als soziale Treffpunkte, die das Gemeinschaftsleben fördern. Hier entsteht Raum für Begegnungen und Aktivitäten.

Quartiersplatz Nord Er liegt nahe der Zugänge von der Röblingstraße und grenzt an das Gemeinschaftshaus (Haus 13) an.

Quartiersplatz Süd Zentral zwischen den gewerblich genutzten Gebäuden liegt der Quartiersplatz Süd.

Grünräume

Park Im Norden des Areals ermöglicht ein Park spielerische und sportliche Aktivitäten der Nutzer*innen.

Grüner Anger Der zentrale Anger ist das Herzstück des Quartiers und schafft sowohl Erholungsmöglichkeiten als auch einen Identifikationspunkt für Bewohner*innen.

Zugangsallee Die Promenade verbindet als grüner Zugangsbereich die verschiedenen Bereiche des Quartiers.

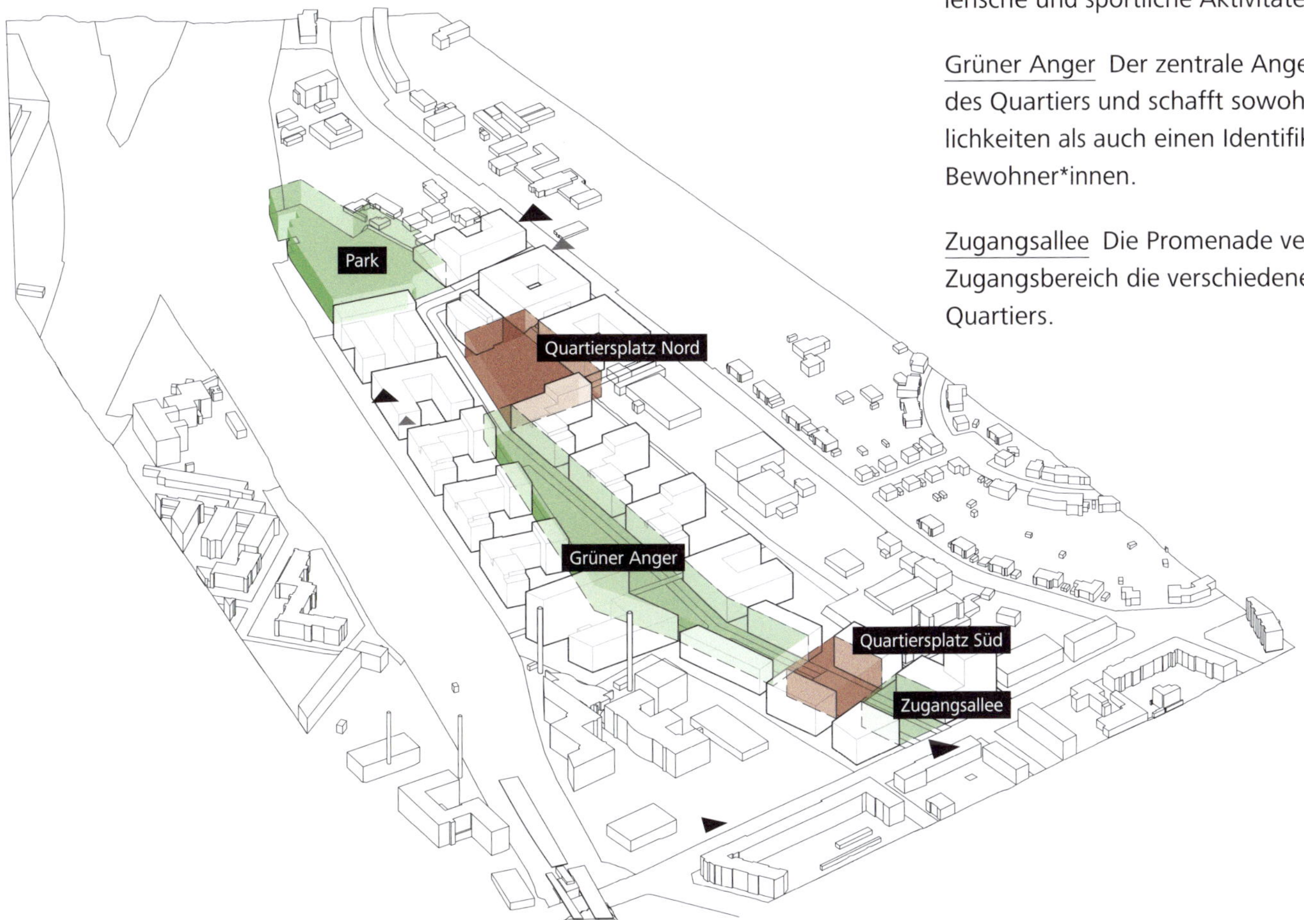

Linke Seite: Blick auf den Quartiersplatz Nord und Haus 14
Oben: Freiräume, Grünräume und Quartiersplätze
Nächste Seite: Blick von der Röblingstraße auf den Quartiersplatz Nord und das Haus 13

13
Restaurant

Verbindungen

Vernetzungen mit der Umgebung

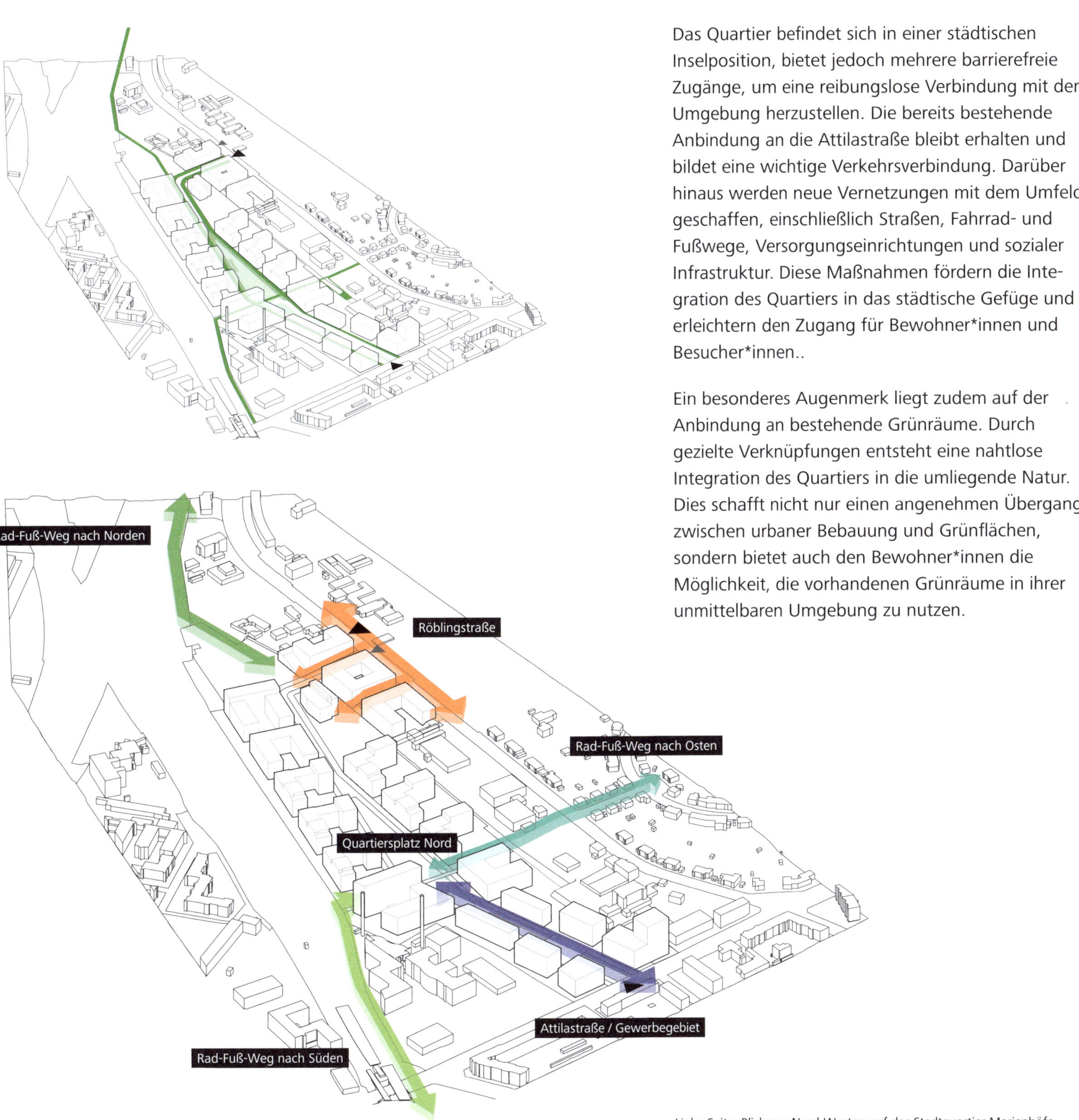

Das Quartier befindet sich in einer städtischen Inselposition, bietet jedoch mehrere barrierefreie Zugänge, um eine reibungslose Verbindung mit der Umgebung herzustellen. Die bereits bestehende Anbindung an die Attilastraße bleibt erhalten und bildet eine wichtige Verkehrsverbindung. Darüber hinaus werden neue Vernetzungen mit dem Umfeld geschaffen, einschließlich Straßen, Fahrrad- und Fußwege, Versorgungseinrichtungen und sozialer Infrastruktur. Diese Maßnahmen fördern die Integration des Quartiers in das städtische Gefüge und erleichtern den Zugang für Bewohner*innen und Besucher*innen..

Ein besonderes Augenmerk liegt zudem auf der Anbindung an bestehende Grünräume. Durch gezielte Verknüpfungen entsteht eine nahtlose Integration des Quartiers in die umliegende Natur. Dies schafft nicht nur einen angenehmen Übergang zwischen urbaner Bebauung und Grünflächen, sondern bietet auch den Bewohner*innen die Möglichkeit, die vorhandenen Grünräume in ihrer unmittelbaren Umgebung zu nutzen.

Linke Seite: Blick aus Nord-Westen auf das Stadtquartier Marienhöfe
Oben: Erschließung Rad und Fußweg
Unten: Anbindung an die Umgebung

Motorisierter Verkehr

Ganzheitliches Verkehrskonzept: Nachhaltige Mobilität für ein lebendiges Quartier

Das Verkehrskonzept des Quartiers fokussiert auf die Vermeidung von Durchgangsverkehr und die Reduzierung des Oberflächenverkehrs auf das Nötigste. Eine strategische Maßnahme ist die unterirdische Anordnung von Parkplätzen und sonstigem Verkehr, um die oberirdische Fläche zu entlasten. Dadurch entsteht ein ruhiges und fußgängerfreundliches Umfeld, während neue Wegeverbindungen die Nutzung von Rad- und Fußwegen fördern.

Das Herzstück des Konzepts bildet ein grünes Zentrum, das eine attraktive und einladende Umgebung für Bewohner*innen schafft. Die frühzeitige Umleitung des Verkehrs unter die Oberfläche ermöglicht eine effiziente Gestaltung des öffentlichen Raums. Attraktive Verkehrs- und Parkflächen werden speziell für Fußgänger, Fahrräder, Lastenräder, E-Bikes sowie PKW-Sharing angeboten. Ein ganzheitliches E-Mobilitäts-Konzept komplettiert die Verkehrsgestaltung und trägt dazu bei, nachhaltige Mobilitätslösungen zu fördern. Durch die kluge Integration dieser Elemente entsteht ein lebendiges Quartier, das nicht nur die Mobilität, sondern auch die Lebensqualität seiner Bewohner*innen positiv beeinflusst.

Linke Seite: Tiefgarage im Bereich von Haus 14
Oben: Erschließung PKW und LKW
Unten: Ruhender Verkehr im Untergeschoss
Folgende Seite: Quartiersplatz Nord

MARKT

MARKT
MARKT
MARKT

Nutzungen im Stadtquartier

Eine vielseitige Nutzungsmischung, „Berliner Mischung"

Die BGF Wohnen von rund 83.000 Quadratmetern, inklusive sozial gefördertem Wohnraum, macht rund 48 Prozent der Gesamtfläche aus. Mit circa 770 Mietwohnungen, von 1- bis 5-Zimmer-Einheiten, sowie 300 Wohnplätzen für Geflüchtete setzt das Quartier auf Vielfalt und soziale Integration.

Der gewerbliche Bereich erstreckt sich über etwa 87.000 Quadratmeter und bietet moderne Flächen für Innovation, Handwerk, Büros, Gesundheit, Forschung, Bildung und Verwaltung. Ein Handwerkshaus mit subventionierten Mietpreisen soll handwerkliche Nutzungen in innerstädtischer Lage fördern. Lokale Dienstleistungs- und Handwerksschwerpunkte sowie ein breites Angebot an Einkaufsmöglichkeiten und Gastronomie stärken die örtliche Wirtschaftsstruktur.

Das soziale Gefüge des Quartiers wird durch Cafés, Restaurants, eine Kita, ein Seniorenzentrum, ein Gesundheitszentrum, Spiel- und Sportflächen sowie ein Quartiershaus mit multifunktionalen Flächen unterstützt. Ein geplantes Hotel an der Attilastraße ergänzt das Angebot.

Gewerbliche Nutzungen

CO-Working bietet flexible Arbeitsräume für Freelancer und Unternehmen. Es fördert Kollaboration, Networking und Produktivität durch gemeinsame Nutzung von Büroinfrastruktur und Ressourcen.

Gastro und kleinteiliges Gewerbe Vorgesehen sind kleine gastronomische Betriebe und Geschäfte, die auf lokale Bedürfnisse zugeschnitten sind.

Einzelhandel Supermarktflächen, die die lokale Versorgung im Quartier und in der Umgebung sicherstellen.

Gewerbe Es sind unterschiedliche Gewerbeformen vorgesehen. Unter anderem finden wir Büroflächen und ein Ärztehaus im Quartier.

Handwerk Das Handwerkshaus vereint KMU (kleine und mittlere Unternehmen) und Handwerksunternehmen. Durch räumliche Nähe fördert es Synergien und Netzwerke.

Hotel Es bietet Unterkunft für Gäste, Touristen und Geschäftsreisende sowie Räumlichkeiten für Tagungen und Konferenzen und ist so ein zentraler Anlaufpunkt im Quartier.

Soziale Infrastruktur

Kita und Senioren Eine Kindertagesstätte und Seniorenresidenzen stehen für das Konzept einer Stadt für alle Altersklassen. Die räumliche Nähe der Nutzungen regt den Austausch von Erfahrungen an und fördert die gegenseitige Fürsorge, was zu einem bereichernden Umfeld führt, das die Lebensqualität aller Generationen steigert.

Wohnformen

Freifinanzierte Mietwohnungen im Quartier werden nicht durch Fördermittel des Landes subventioniert, sondern in definiertem Rahmen zu marktüblichen Preisen angeboten.

Geförderte Wohnungen im Quartier bieten Wohnraum mit preiswerten Mieten im Rahmen der Vorgaben der Fördermittelprogramme. Der Anteil der geförderten Wohnungen entspricht 30 Prozent.

Wohnhaus als Geflüchtetenunterkunft Das Wohnhaus bietet schnelle, kosteneffiziente Lösungen für die Unterbringung von Flüchtlingen, inklusive grundlegender Einrichtungen und Gemeinschaftsräumen zur Integration und Unterstützung.

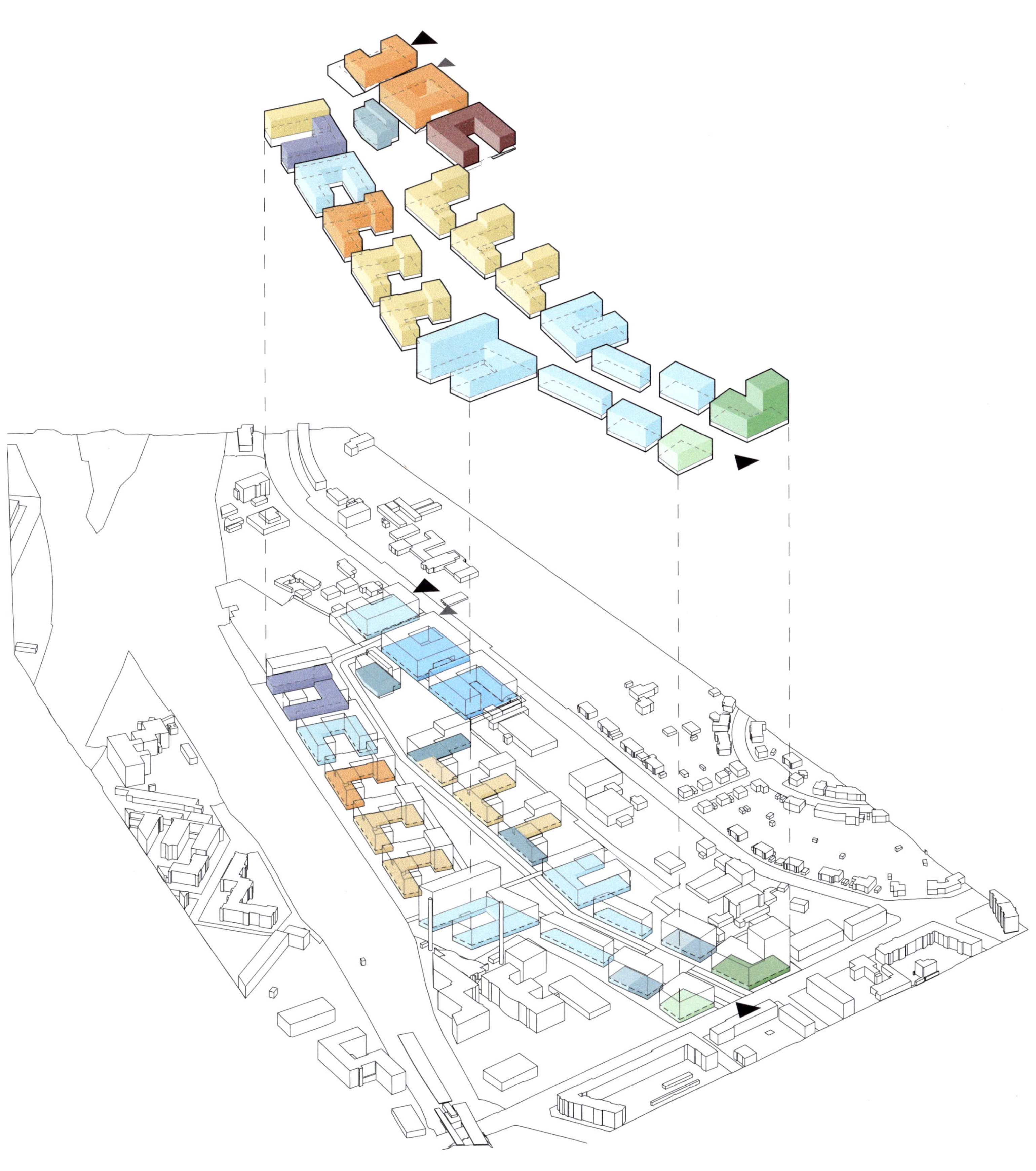

Nutzungskonzept Erdgeschoss und Normalgeschoss

„Gebäude für das alltägliche Leben von Menschen können nur dann gut genannt werden, wenn man sich damit und darin wohlfühlt."

Interview 4–6/16

4. Ein ganzes Stadtquartier aus der Hand eines Architekturbüros – ist das nicht eintönig?

Oliver Collignon Diese Frage spiegelt eine häufig angetroffene Erwartung wider. Wir sehen – ganz im Gegenteil – in dieser Aufgabenstellung eine besondere Chance, Qualität und Identität aus einem lebendigen Konzept heraus zu schaffen, indem die verschiedenen Elemente des Stadtquartiers innerhalb einer architektonischen Philosophie ihren eigenen Ausdruck finden.

Wir stehen für eine Architektur mit einem hohen gestalterischen Anspruch, ohne formalistischem Dogma, das in einem so großen Projekt zu Eintönigkeit führen könnte. Unsere Gebäude werden geprägt von ihrer Positionierung im Masterplan und ihrer Funktion. Aus diesen Parametern, gemeinsam mit einer gestalterischen Grundhaltung, entsteht ihre Architektur. Das Ergebnis ist eine architektonische Familie mit Einzelcharakteren, weder eine architektonische Großform noch eine Zurschaustellung von egozentrischen Einzelmeistern.

5. Hat Architektur die Aufgabe, durch Ästhetik und Räume Wohlbefinden zu schaffen?

Oliver Collignon Gebäude, die wie ein Kunstwerk eine eigene, sehr spezielle ästhetische Aussage machen, haben eine wichtige kulturelle Aufgabe. Es sind dies im Allgemeinen eher seltene Bauten für besondere Aufgaben und meist mit gesellschaftlichem oder geistigem Symbolwert. Die Ästhetik hat hier eine übergeordnete Rolle und sollte sehr frei sein.

Gebäude für das alltägliche Leben von Menschen – wie Wohnungen oder Arbeitsstätten – können nur dann gut genannt werden, wenn man sich damit und darin wohl fühlt. Darin sehen wir hier unsere Aufgabe. Diese Bauten bekommen ihren Wert und ihre positive Ausstrahlung durch Raumproportionen, Licht, Farbe, Akustik sowie sorgsam ausgearbeitete Details und nicht zuletzt durch eine gesunde und nachhaltige Planung. Eine gute intuitive Nutzbarkeit, Orientierung und Barrierefreiheit gehören dazu. Dabei muss die Architektur charaktervoll und modern sein, eine positive ästhetische Spannung erzeugen, durch Materialität, Farben und Details inspirierend sein. Auch hier liegt der Erfolg eines Entwurfs in der kreativen Fähigkeit des Architekten und seiner Einschätzung der Wirkung seines Werks.

Fortsetzung Seite 56

Nachhaltigkeit

Eine umfassende Kombination nachhaltiger Maßnahmen

Die Marienhöfe präsentieren ein umfassendes Nachhaltigkeitskonzept, das von der lokalen Versickerung des Niederschlagswassers bis zur Nutzung erneuerbarer Energien reicht. Als innovatives, verkehrsberuhigtes Stadtquartier betont es Vielfalt, soziale Integration und nachhaltige Entwicklung.

Das Areal bietet öffentliche Grünflächen, Plätze und Spielflächen sowie halböffentliche Bereiche zwischen und hinter den Häusern. Private Höfe und begrünte Dachflächen mit Terrassen vervollständigen die facettenreiche Gestaltung. Die Charakteristik der Umgebung wird dabei berücksichtigt, zusätzlich setzt die Bepflanzung auf heimische Arten und fördert die Biodiversität. Die Flexibilität der Gewerbegrundrisse ebenso wie das breit gefächerte Wohnungsangebot für unterschiedliche Nutzergruppen spiegeln die zukunftsweisende Ausrichtung des Quartiers wider. Dank modernster Anlagentechnik und eines innovativen Energiekonzeptes, das auf die synergetische Nutzung erneuerbarer Energien wie Solarenergie und Geothermie in Verbindung mit einem Eisspeicher setzt, ist das Quartier in seinem Betrieb CO_2-neutral.

Die Konzeptentwicklung wurde flankiert von Partizipationsworkshops mit den Bürger*innen, um ihre Bedürfnisse und Ansichten aktiv in die Quartiersentwicklung einzubeziehen. Insgesamt entsteht eine lebendige, naturnahe Umgebung, die die Prinzipien der Nachhaltigkeit ins Zentrum rückt und die Lebensqualität der Gemeinschaft fördert.

Das Quartier setzt konsequent auf Nachhaltigkeit in verschiedenen Dimensionen: Energie, Wasser, Grün, Baustoffe, Abfall und Gemeinschaft.

In Bezug auf Energie entsprechen die Gebäude mindestens dem KfW 55-Standard und nutzen erneuerbare Energiequellen wie solare Energie und Geothermie für eine effiziente Versorgung. Wasser wird intelligent verwaltet, indem Regenwasser vor Ort bleibt – Mulden und Rigolen ermöglichen die Versickerung und tragen zum Schwammstadtcharakter des Quartiers bei.

Die Grünplanung fokussiert auf Biodiversität, mit manikürefreien Grünflächen und lebenden Naturflächen am Gebäude und im Quartier, einschließlich Fassadenbegrünung. Helle Materialien herrschen vor, insbesondere in drei Gebäuden mit Hybridbauweise. Ein innovatives Abfallkonzept mit einer quartierseigenen, zentralen Sammelstelle mit Presscontainern unter dem Handwerkshaus zeigt die Effizienz in der Abfallbewirtschaftung und verdeutlicht somit die vorbildliche Ausrichtung des Quartiers auf eine umweltfreundliche Lebensweise.

Das Quartier betont die Gemeinschaft – mit einem Quartiershaus, gemeinschaftlichen Grünflächen und einem Quartiersplatz.

Axonometrie Nachhaltigkeit

Baustoffe

1. Materialpyramide
2. Helle Materialien (Albedo-Effekt)
3. Recycling vorhandener Baustoffe

Wasser

1. Regenwasser verbleibt vor Ort (Mulden und Rigolen)
2. Natürlicher Regenpuffer
3. Schutz vor Legionellen

Gemeinschaft

1. Gemeinschaftshaus
2. Gemeinschaftliche Grünflächen
3. Quartiersplatz

Energie

1. KfW 55-Standard für alle Häuser
2. Nutzung solarer Energie (auf allen Dachflächen und teilweise an Fassaden)
3. Geothermie

Grün

1. Biodiversität
2. Manikürfreie Grünflächen
3. Lebende Naturflächen am Gebäude und im Quartier (Fassadenbegrünung)

Abfall

1. Innovatives Abfallkonzept

ESG-Nachweise

Zertifizierungen für Nachhaltigkeit

Nachhaltigkeitsdimensionen

Baustoffe, Abfall, Energie, Wasser, Grün – die Nachhaltigkeitsstrategie ist auf den unterschiedlichen ökologischen Kriterien der Senatsverwaltung für Stadtentwicklung, Bauen und Wohnen aufgebaut und um den Baustein „Gemeinschaft" erweitert. Verschiedene Kriterien jedes Bausteins sind dargestellt, wodurch das Projekt nicht nur eine individualisierte Nachhaltigkeitsstrategie erfährt, sondern auch ortsbezogen umsetzbar und erlebbar wird.

DGNB-Vorzertifikat

Die DGNB-Blume zeigt den Erfüllungsgrad der Kriterien nach definierten Kategorien. Das Quartier Marienhöfe wurde bei der Deutschen Gesellschaft für Nachhaltiges Bauen (DGNB) unter der aktuellen Version 2020 als DGNB-Stadtquartier eingereicht. Der Gesamterfüllungsgrad von 80,6 Prozent in der Vorzertifizierung bedeutet die höchste Stufe „Platin". Die Quartierszertifizierung dient als Qualitätssicherungswerkzeug.

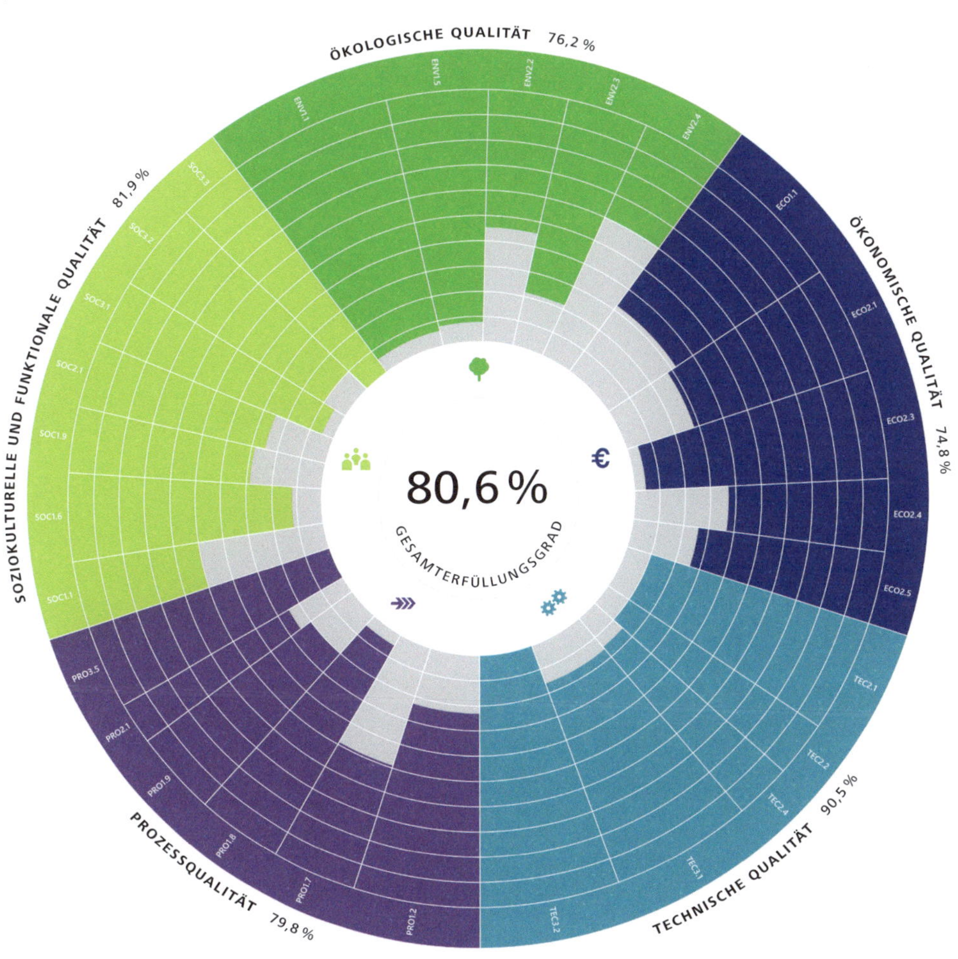

Linke Seite: Masterplan
Oben rechts: DGNB-Blume
Unten links: Vorzertifikat Platin für nachhaltige Stadtquartiere
Unten rechts: Gesamterfüllungsgrad von 80,6 Prozent

DIE HÄUSER

Architektonische Gestaltungsfamilien

Die Baukörper im Quartier werden zu Gestaltungsfamilien zusammengefasst. Die Gebäude in einer Familie folgen demselben architektonischen Konzept.

Insgesamt entstehen 20 Gebäude, die durch ihre Platzierung einen vielfältigen Stadtraum formen. Zwei Hochpunkte am südlichen Eingang des Quartiers und in der zentralen Zone bieten klare Orientierungspunkte.

Die architektonischen Elemente schaffen das städtische Gefüge auf natürliche Weise und unterstützen dabei ein nachhaltiges Gesamtkonzept mit ihrer Synthese aus Funktionalität und Ästhetik. Es entstehen Gruppen von Gebäuden gemeinsamer Nutzungen – meist drei an der Zahl. Innerhalb jeder Gruppe herrschen die gleichen Gestaltungsprinzipien vor, die subtil variiert werden. Wir nennen sie „Gestaltungsfamilien", die aus verwandten Individuen bestehen und zusammen das Quartier bilden. Diese ablesbaren Gruppenbildungen geben der Ästhetik der Marienhöfe eine erkennbare Struktur und schaffen Orientierung. Im Quartier entsteht durch dieses Prinzip eine harmonische Einheit aus vielfältigen Elementen.

Die architektonischen Highlights sind das Quartiershaus am Quartiersplatz Nord und Hochpunkte im Süden und in der Mitte des Quartiers. Das Ergebnis ist eine lebendige, zeitgemäße und zukunftsweisende Gestaltung für einen neu geschaffenen Stadtteil.

Gewerbe

Hotel [01] Seite 51
Prägende Gestaltungsmerkmale: Weiß feinverputzte Deckenbänder, geschosshohe, hinterlüftete, silbern eloxierte (EV6/EV1) Aluminiumpanele mit einem Lochmuster

Handwerkshaus [20] Seite 59
Prägende Gestaltungsmerkmale: Beton-Fassadenelemente, eloxiertes Aluminium in Wamgold (Sandalor Gold S120-0), farbige Solarpaneele an der Fassade

Innovationszentren [02] [19] Seite 69
Prägende Gestaltungsmerkmale: begrünte Fassade, Photovoltaikelemente, feuerverzinkter Stahl

Büro, Lehre, Forschung [03] [17] [18] Seite 81
Prägende Gestaltungsmerkmale: silbern eloxiertes Aluminium (EV6/EV1), geschlossen und als Lochblech, Betonfertigteile, farbige Photovoltaikelemente

Bürohochhaus [04] Seite 99
Prägende Gestaltungsmerkmale: silbern (EV6/EV1) und golden eloxiertes (EV6/EV1) Aluminium, geschlossen und als Lochblech, pulverbeschichtete Fassadenbänder in DB 702, farbige Photovoltaikelemente

Vorherige Seite: Blick vom Quartiersplatz Nord auf das Gemeinschaftshaus
Rechte Seite: Axonometrie Gestaltungsfamilien. Diese Familien strukturieren das Kapitel „Die Häuser" in Unterkapitel.
Folgende Seite: Blick auf den Grünen Anger

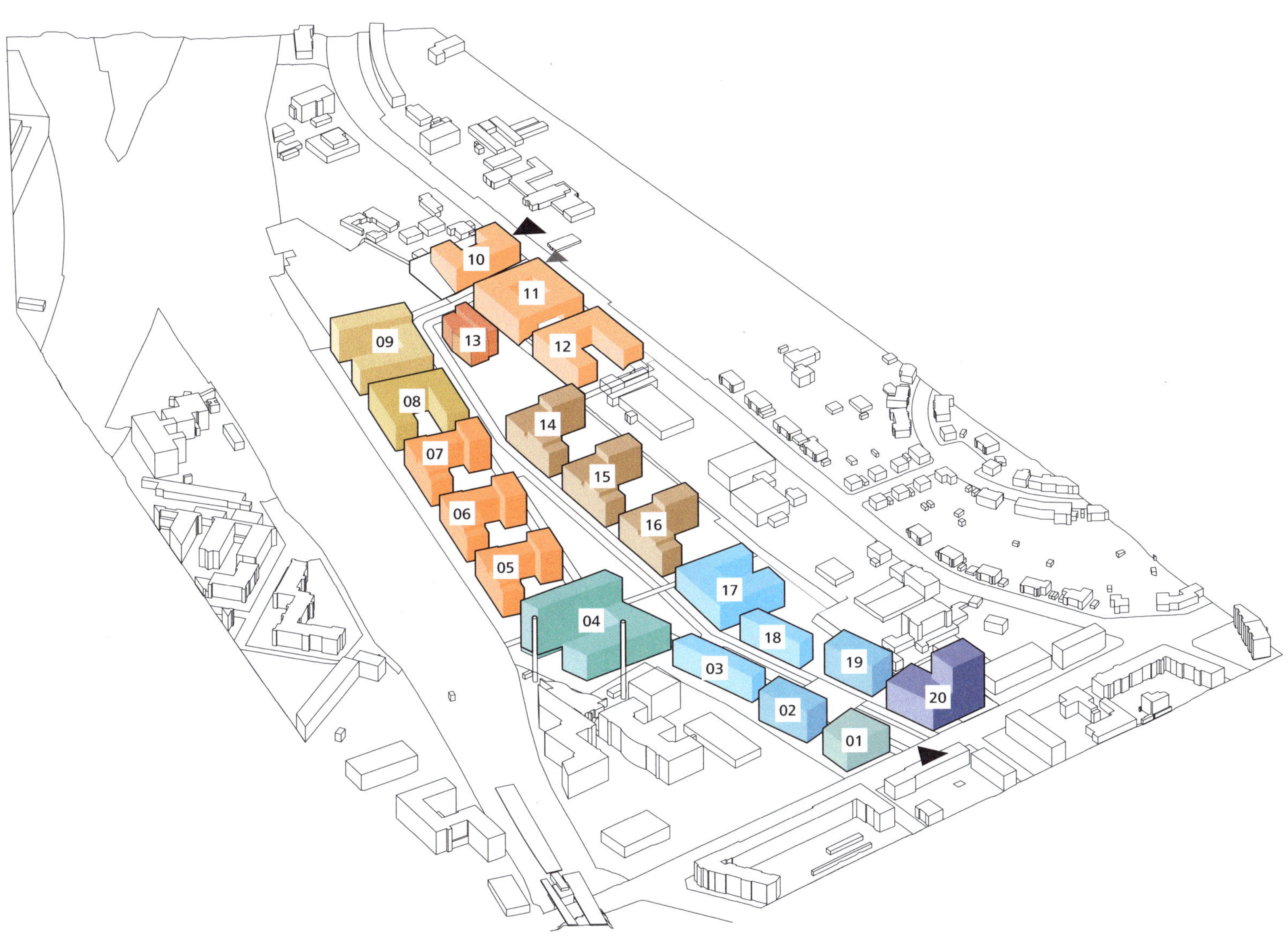

Wohnen

Wohnen am Hof [05] [06] [07] Seite 115
Prägende Gestaltungsmerkmale: Keramikfassadenelemente, Feinputzfassade, Lochfenster mit großzügiger Verglasung zu Balkonen und Terrassen

Wohnen im Holzhybrid [14] [15] [16] Seite 127
Prägende Gestaltungsmerkmale: profilierte Faserzementplatten, farbige Balkone mit einer frontalen Glasbrüstung, gläsernes Erdgeschoss

Wohnen und Versorgung [10] [11] [12] Seite 143
Prägende Gestaltungsmerkmale: Feinputzfassade, Lochfenster mit großzügiger Verglasung zu Balkonen und Terrassen

Soziales

Gesundheit [08] Seite 161
Prägende Gestaltungsmerkmale: Keramikfassadenelemente, Feinputzfassade

Generationen [09] Seite 173
Prägende Gestaltungsmerkmale: farbiger Sockelbereich, Feinputzfassade, Lochfenster mit großzügiger Verglasung zu Balkonen und Terrassen

Gemeinschaftshaus [13] Seite 183
Prägende Gestaltungsmerkmale: transluzente Fassade aus Polyglas, Sichtbeton, farbige, weitausragende Balkone und Treppen, farbiges Streckmetall

5

HAUS 01: HOTEL, SEITE 53

HAUS 20: HANDWERKSHAUS, SEITE 61

HAUS 02: INNOVATIONSZENTREN, SEITE 71

HAUS 19: INNOVATIONSZENTREN, SEITE 75

HAUS 03: BÜRO, FORSCHUNG, LEHRE, SEITE 85

HAUS 17: BÜRO, FORSCHUNG, LEHRE, SEITE 89

HAUS 18: BÜRO, FORSCHUNG, LEHRE, SEITE 97

HAUS 04: BÜROHOCHHAUS, SEITE 101

HAUS 05: WOHNEN AM HOF, SEITE 117

HAUS 06: WOHNEN AM HOF, SEITE 123

HAUS 07: WOHNEN AM HOF, SEITE 125

HAUS 14: WOHNEN IM HOLZHYBRID, SEITE 129

HAUS 15: WOHNEN IM HOLZHYBRID, SEITE 133

HAUS 16: WOHNEN IM HOLZHYBRID, SEITE 135

HAUS 10: WOHNEN UND VERSORGUNG, SEITE 145

HAUS 11: WOHNEN UND VERSORGUNG, SEITE 149

HAUS 12: WOHNEN UND VERSORGUNG, SEITE 153

HAUS 08: GESUNDHEIT, SEITE 163

HAUS 09: GENERATIONEN, SEITE 177

HAUS 13: GEMEINSCHAFTSHAUS, SEITE 185

Farbkonzept

Hausfarben fördern die Orientierung im Quartier und der Tiefgarage

Neben seiner Zugehörigkeit zu einer Gestaltungsfamilie bekommt jedes Haus eine eigene Farbe zugeordnet. Die Grundlage dafür ist ein komplexes und harmonisch abgestimmtes Farbsystem. Diese Farben „fließen" nach außen, finden sich in den Eingangsbereichen und an Orientierungs- und Infostelen, die jedem Gebäude vorgelagert sind, teilweise auch an den Balkonen. Sie individualisieren jedes einzelne Haus und machen es einmalig, tragen zu dem subtilen Orientierungssystem im Quartier bei.

In dem Kapitel „Die Häuser" werden die einzelnen Gebäude präsentiert. Die Titelseite der einzelnen Häuser trägt die jeweilige Hausfarbe und dient wie auch im Stadtquartier als Orientierung, als kleine Stele im Buch.

Gewerbe

HAUS 01: HOTEL, SEITE 53

HAUS 20: HANDWERKSHAUS, SEITE 61

HAUS 02: INNOVATIONSZENTREN, SEITE 71

HAUS 19: INNOVATIONSZENTREN, SEITE 75

HAUS 03: BÜRO, FORSCHUNG, LEHRE, SEITE 85

HAUS 17: BÜRO, FORSCHUNG, LEHRE, SEITE 89

HAUS 18: BÜRO, FORSCHUNG, LEHRE, SEITE 97

HAUS 04: BÜROHOCHHAUS, SEITE 101

Hotel

Als Hotel begrüßt Haus 01 gleichermaßen seine Gäste und die Bewohner*innen und Besucher*innen des Quartiers – eine einladende Geste am Zugang zu den Marienhöfen. Es beherbergt 140 Zimmer und die Außengastronomie. Die öffentliche Gastronomie im Erdgeschoss bereichert das Quartier und trägt zur Attraktivität für Bewohner*innen und Besucher*innen bei. Die Fassade besteht aus verputzten Deckenbändern und geschosshohen, hinterlüfteten Aluminiumpanelen, die mit einem Lochmuster versehen sind und teilweise die Öffnungsflügel der Hotelzimmer verdecken, jedoch von innen nahezu transparent wirken. Das Lochmuster mutet wie der Faltenwurf eines Vorhangs an und transportiert die wohnliche Atmosphäre des Hotels nach außen.

Grundriss Erdgeschoss, M 1:400

HAUS 01

Hausfarbe NCS S 2060-Y20R

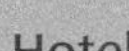

Hotel

Anzahl der Geschosse: 6
Bruttogeschossfläche gesamt (BGF oberirdisch): 5.783 m²
Prägende Gestaltungsmerkmale: Weiß fein verputzte Deckenbänder, geschosshohe, hinterlüftete, silbern eloxierte (EV6/EV1) Aluminiumpaneele mit einem Lochmuster

HAUS 01

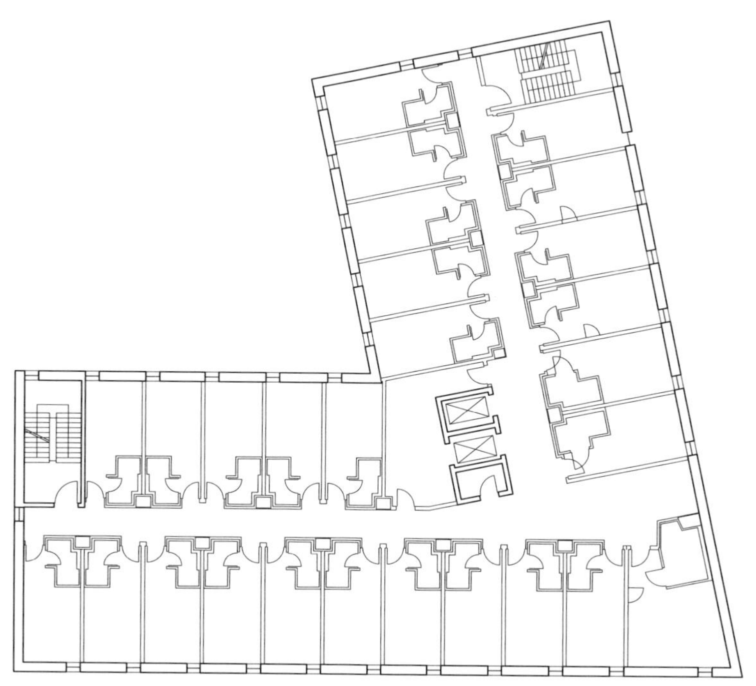

Linke Seite: Grundriss Obergeschoss, M 1:400
Oben: Blick von der Attilastraße in Richtung Haus 01
Unten: Detailausschnitt der Fassade

„Das Schaffen einer eigenständigen Welt mit hoher Lebensqualität, die sich harmonisch in das Umfeld einfügt und optimale Entfaltungsmöglichkeiten bietet.“

Interview 6–7/16

6. Was war der besondere Reiz an der Aufgabe?

Heike Warns Wir hatten die außergewöhnliche Gelegenheit, aufgrund der Größe und der besonderen Insellage des Planungsgrundstücks einen eigenständigen neuen kleinen Stadtteil zu schaffen, der mit all seinen Aspekten für sich stehen sollte. Wir haben die Chance gesehen, alle erlebbaren Qualitäten in diesem neu geschaffenen Stadtraum zu definieren.

Gerade angesichts dieser einzigartigen Standortbedingungen ist es wichtig, eine Verbindung zum Umfeld herzustellen. Besonders relevant für die Integration ist eine angemessene Baumasse und Architektur. Hinzu kommen die Fernwirkung der Bauten entlang der Bahnstrecke und – ganz wichtig – die verkehrliche Anbindung, vor allem eine Öffnung des Quartiers für neue Fuß- und Fahrradwege.

Die Herausforderung und der besondere Reiz bestanden somit darin, aus einem Guss einen lebendigen Ort mit hoher Lebensqualität zu schaffen, der in sich funktioniert und sich darüber hinaus harmonisch in sein Umfeld einfügt.

7. Welche konzeptionellen Überzeugungen haben die Planung geprägt?

Oliver Collignon Unser Grundanliegen als Architekten ist es, Umgebungen und Räume zu schaffen, die den Menschen optimale Entfaltungsmöglichkeiten bieten, die inspirieren und den Austausch sowie das Bilden von Beziehungen fördern – Räume, die sich gut anfühlen. Dazu gehört ein bewusstes Augenmerk auf Mikroklima, optimierte Belichtung und Besonnung, sympathische öffentliche Räume und ein Angebot an Nutzungen, das den Lebensraum erweitert. So verstehen wir Stadt. Dabei soll die Schönheit unserer Architektur aus dem Wesen der Bauaufgabe entstehen und nicht durch austauschbare Dekorationen.

Wir kennen und verstehen die strikten ökonomischen Rahmenbedingungen, unter denen ein solches Projekt entstehen muss. Unsere gelebte Verpflichtung zu den oben genannten Überzeugungen ist es, in ständigem, konstruktivem Dialog mit den Bauherren und anderen Stakeholdern das Planungsergebnis in einem rigorosen und oft mühsamen Prozess zu optimieren. Dies geschieht in dem Wissen, dass konzeptionelle Stärken in intensiven – zum Teil kontroversen und unbequemen – Prozessen verhandelt und umgesetzt werden, die unterschiedliche Interessenslagen vereinen. Wir haben immer wieder erlebt, dass diese intensiven Abstimmungen mit allen möglichen Beteiligten sehr fruchtbar sind. Nur zusammen kann etwas Gutes, nur miteinander das Beste entstehen.

Fortsetzung Seite 82

HANDWERK

Handwerk

Als Hochhaus markiert das Handwerkshaus den Eingang zum Quartier. Die industriell anmutende Fassade aus vorgefertigten Sichtbeton-Sandwichelementen setzt zum einen der stark befahrenen Attilastraße eine angemessene Robustheit und gestalterische Präsenz entgegen und versinnbildlicht zum anderen in seiner Elementierung sowie seiner Ästhetik die Nutzung des Gebäudes für traditionelles Handwerk. Gleichzeitig deuten die tiefen warmgoldenen Fensterprofile in ihrer Präzision und Detailliertheit auf sensible und gestalterische Aspekte des Handwerks hin. Handwerker*innen jeden Gewerks finden in diesem Gebäude Platz: Schlosser und Schreiner genauso wie ein Uhrmacher oder eine 3D-Druckerei. Große lichte Raumhöhen, Lastenaufzüge sowie flexible Abtrennungsmöglichkeiten von Nutzungseinheiten bieten dafür die nötigen Voraussetzungen. Die Zufahrt zum Logistikhof, der sichtabgewandt hinter dem Haus liegt, erfolgt über die Quartierszufahrt. Die Ausfahrt führt direkt auf die Attilastraße.

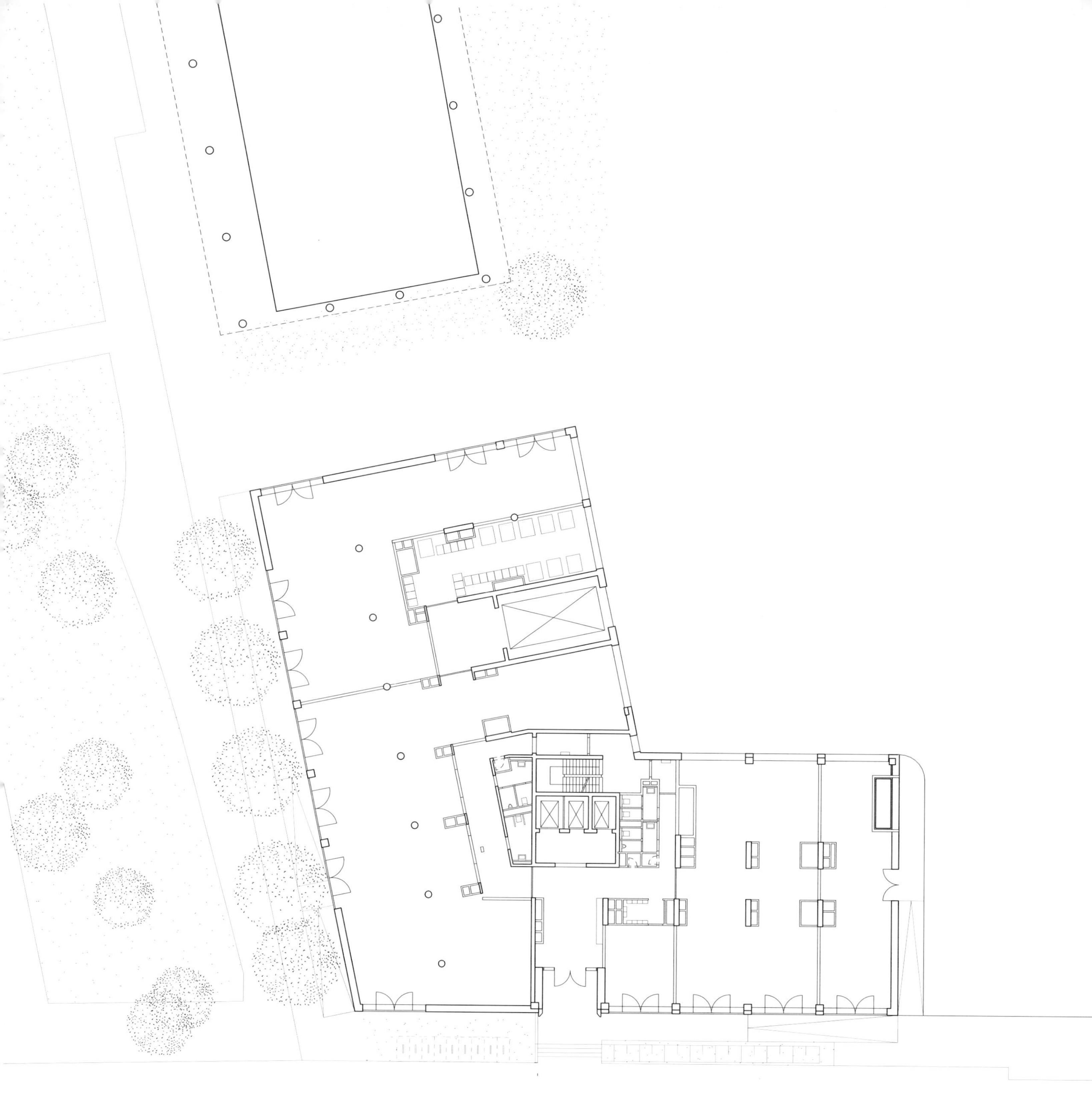

Grundriss Obergeschoss, M 1:400

HAUS 20

Hausfarbe NCS S 6502-Y

Handwerkshaus

Anzahl der Geschosse: 5–10
Bruttogeschossfläche gesamt (BGF oberirdisch): 11.289 m²
Prägende Gestaltungsmerkmale: Beton-Fassadenelemente, eloxierte Aluminiumfenster in Warmgold (Sandalor Gold S120-0), farbige Solarpaneele an der Fassade

HAUS 20

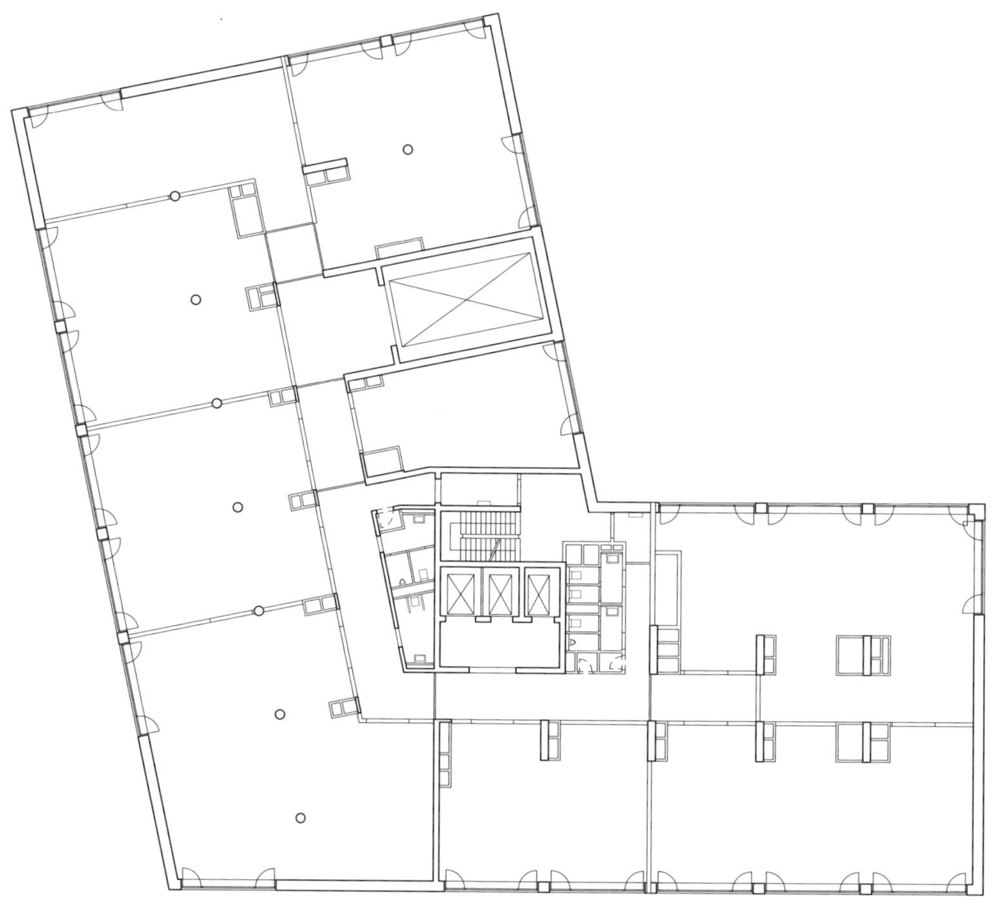

Grundriss Obergeschoss, M 1:400
Rechte Seite: Materialsammlung

HAUS 20

Oben: Anlieferung des Handwerkshaus
Rechte Seite: Grundriss 5.Obergeschoss mit Pavillon und Terrasse, M 1:400
Folgende Seite: Blick von der Attilastraße auf das Quartier

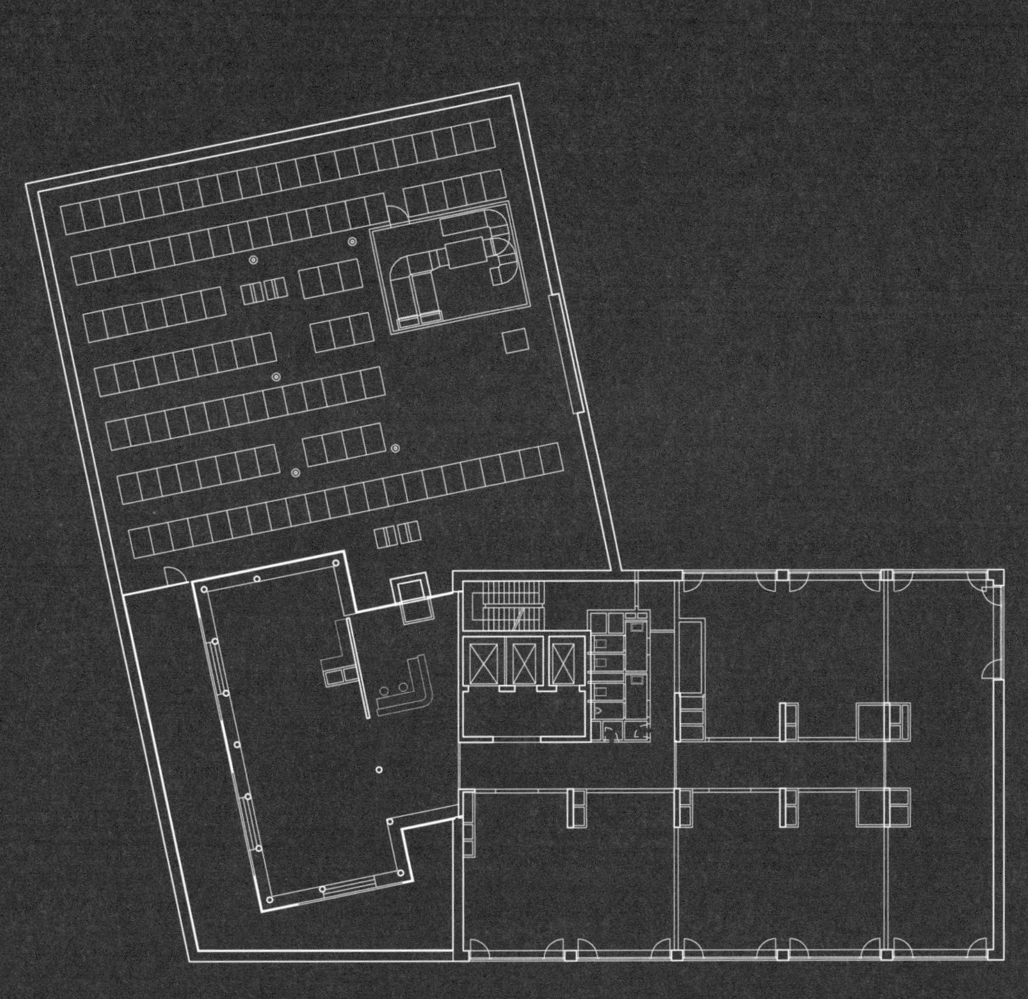

HAUS 20

HANDWERK

Innovationszentren

Im südlichen Teil des Quartiers stehen sich die Innovationszentren Haus 02 und 19 als Zusammenspiel der gleichen Designidee gegenüber und bilden so den städtebaulichen Rahmen für einen südlichen Quartiersplatz, der sich zwischen ihnen aufspannt. Die Längsfassaden der beiden Gebäude werden von einem Stahlnetz überzogen, an welchem sich im Sommer blühende immergrüne Kletterpflanzen (Clematis) hochranken. Sie dienen im Sommer dem Sonnen- und Blendschutz und tragen über adiabate Verdunstungsprozesse zur Kühlung des Gebäudes und zu einem verbesserten Mikroklima bei.

Die Südfassaden sind mit einem fortschrittlichen technischen Sonnenschutzsystem ausgestattet. Bewegliche gläserne Fotovoltaik-Lamellen sorgen hier für eine nachhaltige Energiegewinnung und setzen zugleich ein architektonisches Statement. Das Zusammenspiel von Sichtbeton und Pflanztrögen aus feuerverzinktem Stahl verleiht den Gebäuden einen rohen, rauen Charakter und unterstreicht den Innovations- und Werkstattcharakter. Im Erdgeschoss sind Gastronomie und Co-Working vorgesehen. Die einzelnen Obergeschosse können flexibel und kleinteilig in zwei bis vier Mieteinheiten unterteilt werden. Der Skelettbau mit einem mittig platzierten Kern schafft großzügige, zusammenhängende Flächen, die in den verschiedensten Büroformen – vom Zellenbüro bis zum New-Work-Konzept – bespielt werden können. Diese maximale Flexibilität ermöglicht die Anpassung an sich stets ändernde Anforderungen der Arbeitswelt der zukünftigen Nutzer*innen und ist ein wesentlicher Aspekt der Nachhaltigkeit dieser Gebäude.

Oben: Innenraum Bürogeschoss
Unten: Lobby

HAUS 02

Hausfarbe NCS S 1515-Y10R

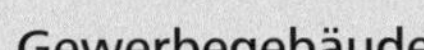

Gewerbegebäude

Anzahl der Geschosse: 6
Bruttogeschossfläche gesamt (BGF oberirdisch): 6.102 m²
Prägende Gestaltungsmerkmale: begrünte Fassade, Photovoltaikelemente, feuerverzinkter Stahl

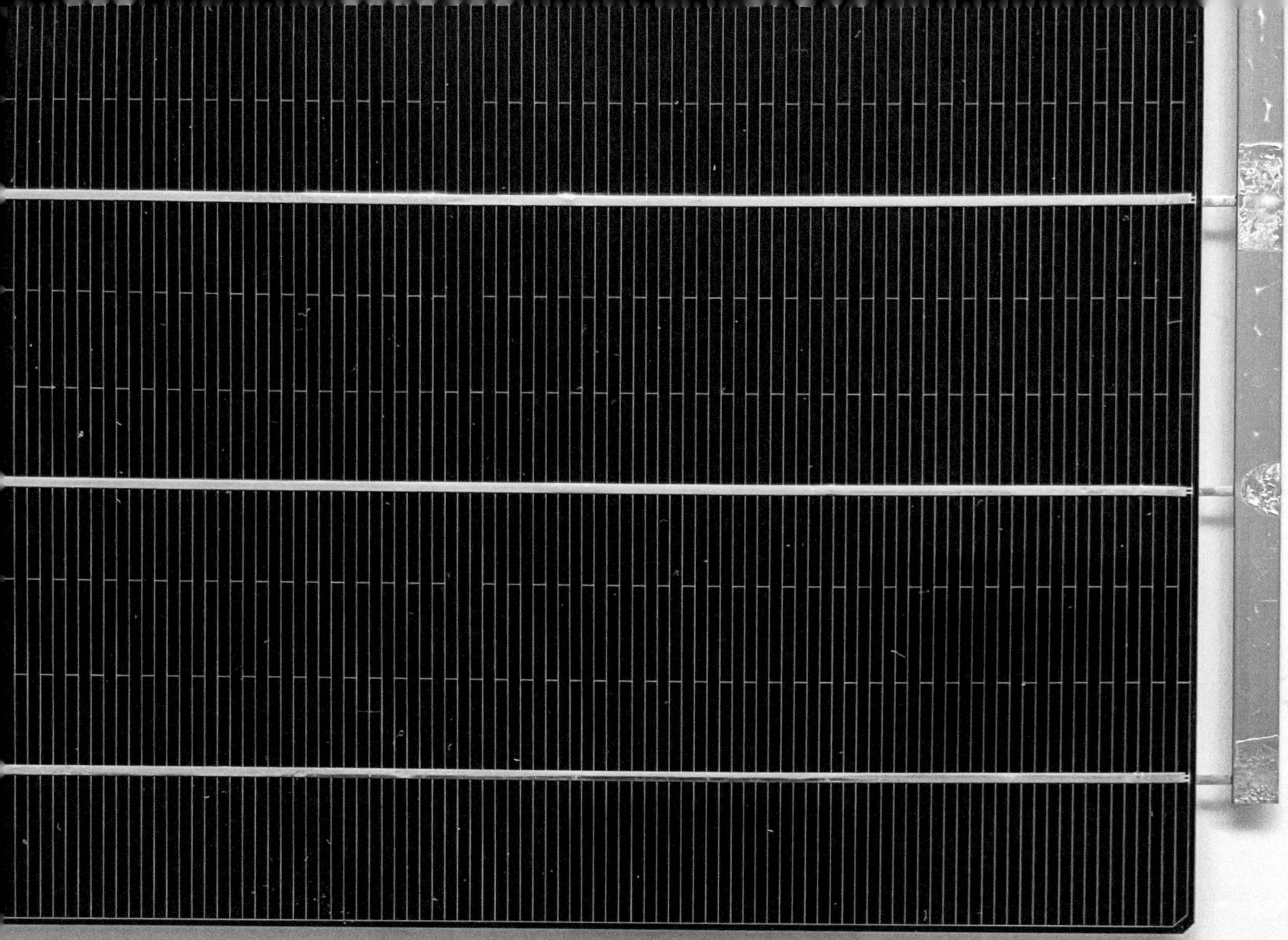

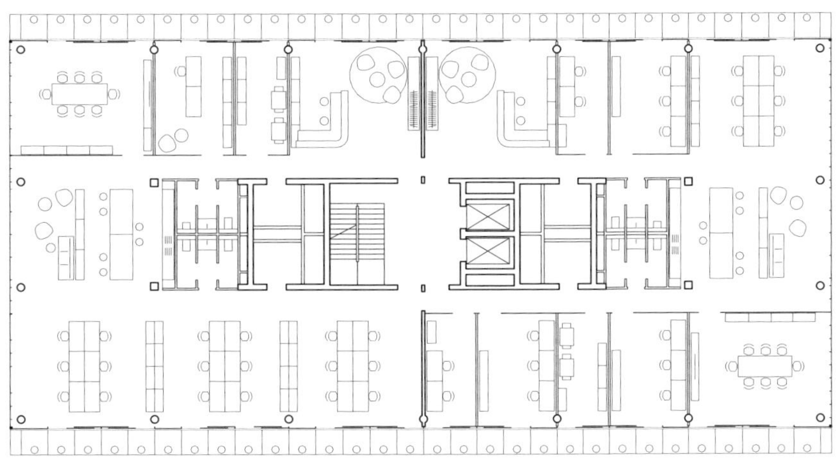

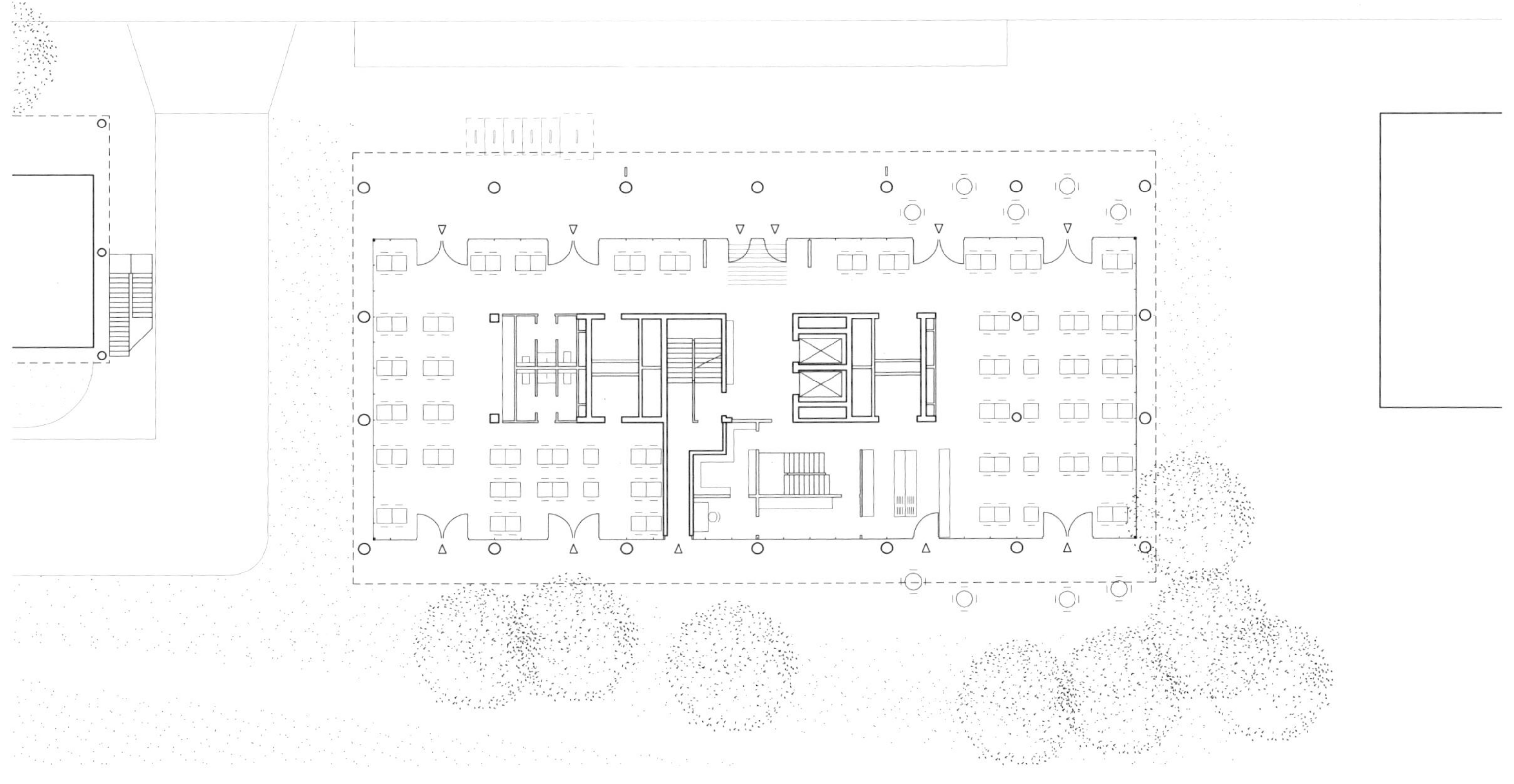

Linke Seite: Materialsammlung
Oben: Grundriss Obergeschoss, M 1:400
Unten: Grundriss Erdgeschoss, M 1:400

Oben: Blick über den Quartiersplatz Süd auf Haus 19 im Sommer
Unten: Blick von der Zugangsallee auf Haus 19 im Winter

HAUS 19

Hausfarbe NCS S 1515-R90B

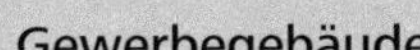

Gewerbegebäude

Anzahl der Geschosse: 6
Bruttogeschossfläche gesamt (BGF oberirdisch): 6.102 m²
Prägende Gestaltungsmerkmale: Begrünte Fassade, Photovoltaikelemente, feuerverzinkter Stahl

HAUS 19

Oben: Innenraum Bürogeschoss
Unten: Eingangsbereich zum Innovationszentrum
Rechte Seite: Lobby
Folgende Seite: Blick über den Quartiersplatz Süd in Richtung Anger

HAUS 19

17
GEWERBE
17

Büro, Forschung, Lehre

Die multifunktionalen Gebäude 03, 17 und 18 bilden eine architektonische und gestalterische Einheit, die den südlichen Teil des Quartiers prägt. Das gläserne, teilweise zurückspringende Erdgeschoss hebt sich nicht nur optisch von den Obergeschossen ab, sondern unterscheidet sich auch durch die Möglichkeit einer öffentlichen Nutzung. Hier entsteht eine einladende Atmosphäre, die bewusst die Trennlinie zwischen Innen- und Außenraum verschwimmen lässt.

Die Fassade der vier Obergeschosse bildet das vertikale Tragraster der Gebäude in Faserbeton bekleideten Stützen ab. Dieses Raster wird mit gestalteten Fensterelementen aus silbern eloxiertem Aluminium gefüllt. Durch die geschossweise versetzten Lüftungselemente aus Aluminium-Lochblech sowie vereinzelte Balkon- bzw. Loggia-Elemente gewinnt die Fassade an Lebendigkeit.

Zweigeschossige Fassadeneinschnitte markieren die überdachten Eingangsbereiche und setzen Akzente im architektonischen Gesamtkonzept. Die Gebäude weisen jeweils unterschiedliche Gebäudetiefen auf, so dass als Produktvarianten verschiedene Büroformen – vom zweihüftigen Zellenbüro ohne Mittelzone bis hin zum großflächigen Open-Space-Büro – bedient werden können.

„Vielfältige Nutzung: Wohnen, Gewerbe und Gemeinschaftseinrichtungen schaffen ein lebendiges Quartier für eine diverse Gemeinschaft.“

Interview 8–9/16

8. Welche Angebote für künftige Nutzer bietet das Quartier?

Heike Warns Das Quartier bietet eine breite Palette an modernen und gemischt genutzten Einrichtungen, um den Bedürfnissen seiner zukünftigen Bewohner*innen und Nutzer*innen gerecht zu werden. Etwa die Hälfte der Fläche ist für Wohnnutzung vorgesehen, wobei verschiedene Wohnungstypen angeboten werden, darunter geförderte Mietwohnungen, Wohnungen für Senioren und Geflüchtete sowie freifinanzierte Mietwohnungen unterschiedlicher Kategorien.

Zusätzlich umfasst das Gewerbequartier innovative Nutzungen wie ein „Innovationszentrum" für Startup-Gründer, Designer und Forscher sowie Büroflächen für verschiedene Zwecke, darunter auch Hybridnutzungen aus Design, Prototypenfertigung und Kleinserienproduktion. Für das Handwerk bietet das Handwerkshaus semi-industrielle Flächen auf zehn Etagen.

Öffentliche Einrichtungen wie ein Ärztehaus, eine Kindertagesstätte, Gastronomie, Einkaufsmöglichkeiten und ein Hotel am Quartierseingang vervollständigen das Angebot. Besonders hervorzuheben ist das Gemeinschaftshaus, das neben einem Sportstudio, Restaurant und Bücher-Café auch Raum für Treffen, Veranstaltungen und Yoga bietet und den sozialen Aspekt des Quartiers betont. Seine besondere Architektur hebt diesen Gemeinschaftsaspekt heraus.

9. Weshalb hat man sich genau für diese Nutzungen entschieden?

Oliver Collignon Die Vielfalt der Nutzungen im Quartier stellt sicher, dass es ein lebendiger und vielseitiger Ort wird, der den unterschiedlichen Bedürfnissen und Interessen seiner Bewohner*innen und Nutzer*innen auch langfristig gerecht wird.

Die Kriterien für die ausgewählten Nutzungen ergeben sich aus dem Flächenbedarf der Stadt, des Bezirks und des direkten Umfelds. Sie basieren auf einer langfristigen Perspektive, unabhängig von den – kurzfristigen – Volatilitäten des Immobilienmarktes. Die Entwicklung erfolgte in enger Zusammenarbeit mit den Bauherren und den Wünschen des Bezirksamts von Tempelhof-Schöneberg, wobei eine optimale Abstimmung mit der Bedürfnisse der Menschen vor Ort sichergestellt werden konnte.

Übergeordnet entstand eine hälftige Aufteilung zwischen Wohnen und Gewerbe. Die Gewerbeflächen sehen Büro-, Schulungs- und innovative Nutzungen vor, sowie Flächen für Handwerk. Wichtig sind die barrierefrei zugänglichen öffentlichen Nutzungen wie Einkaufsmöglichkeiten oder Gastronomie.

Angesichts des hohen Bedarfs an Wohnraum im Bezirk und in ganz Berlin wurden verschiedene Wohnungsarten geplant, um eine soziale Durchmischung zu fördern und den Wohnraumbedarf decken zu helfen. Mit seinen 20 Gebäuden und einer Vielzahl an Nutzungen fungiert das Quartier als bedeutender Stadtbaustein, der nicht nur die Nutzer*innen und Bewohner*innen des Quartiers bereichert, sondern auch die Menschen, die in der Umgebung wohnen und arbeiten.

Fortsetzung Seite 110

Oben: Blick von der Zugangsallee auf Haus 03
Unten: Blick von der Zugangsallee auf Haus 03

HAUS 03

Hausfarbe NCS S 2050-G90Y

Gewerbegebäude

Anzahl der Geschosse: 5
Bruttogeschossfläche gesamt (BGF oberirdisch): 4.326 m²
Prägende Gestaltungsmerkmale: silbern eloxiertes Aluminium (EV6/EV1) geschlossen und als Lochblech, Betonfertigteile, farbige Photovoltaikelemente

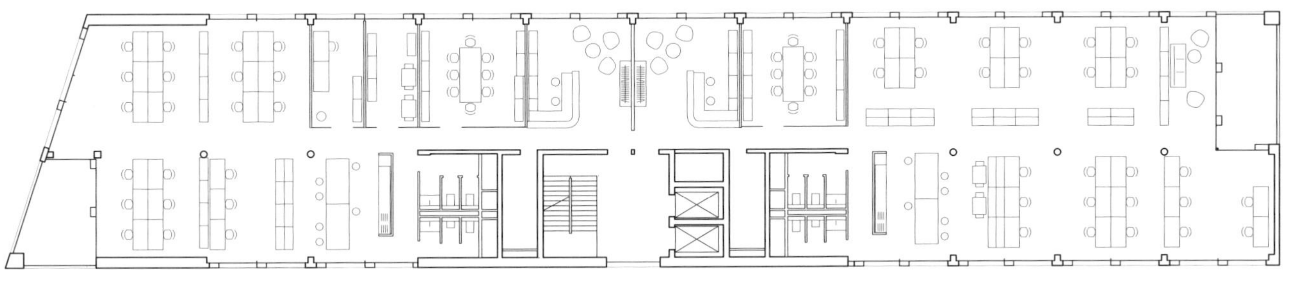

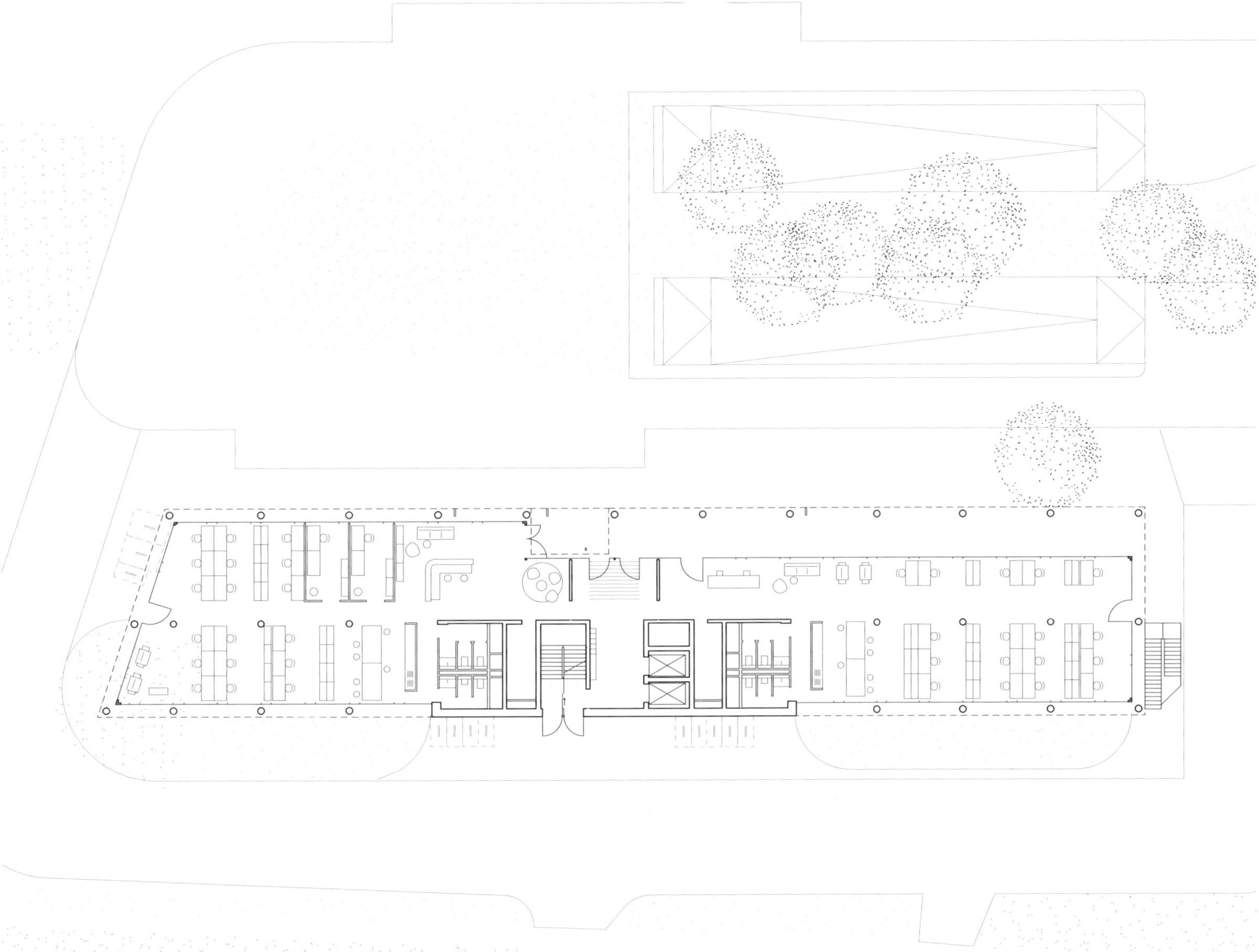

Linke Seite: Materialsammlung
Oben: Grundriss Obergeschoss, M 1:400
Unten: Grundriss Erdgeschoss, M 1:400

HAUS 17

Hausfarbe NCS S 5020-G50Y

Gewerbegebäude

Anzahl der Geschosse: 5
Bruttogeschossfläche gesamt (BGF oberirdisch): 10.417 m²
Prägende Gestaltungsmerkmale: silbern eloxiertes Aluminium (EV6/EV1) geschlossen und als Lochblech, Betonfertigteile, farbige Photovoltaikelemente

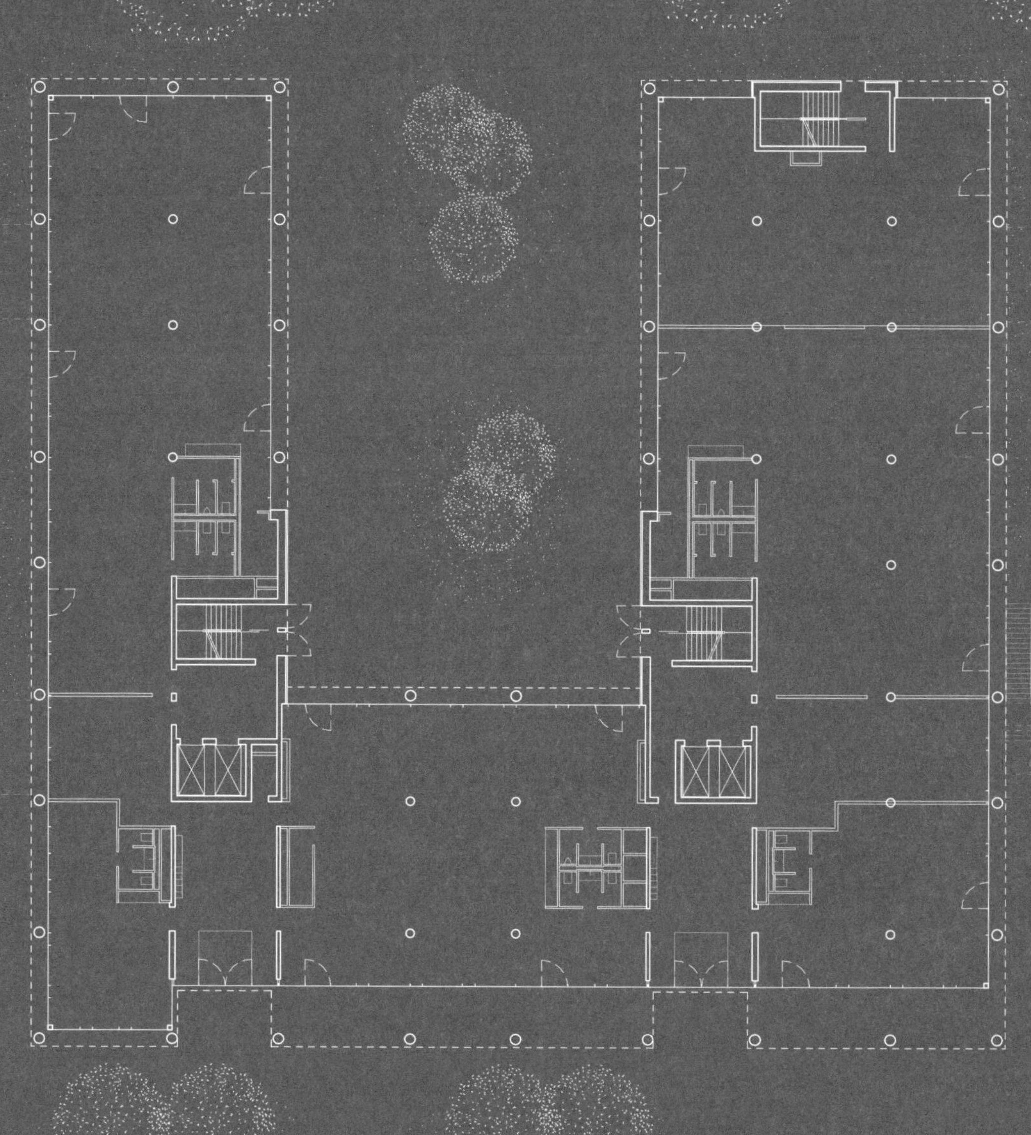

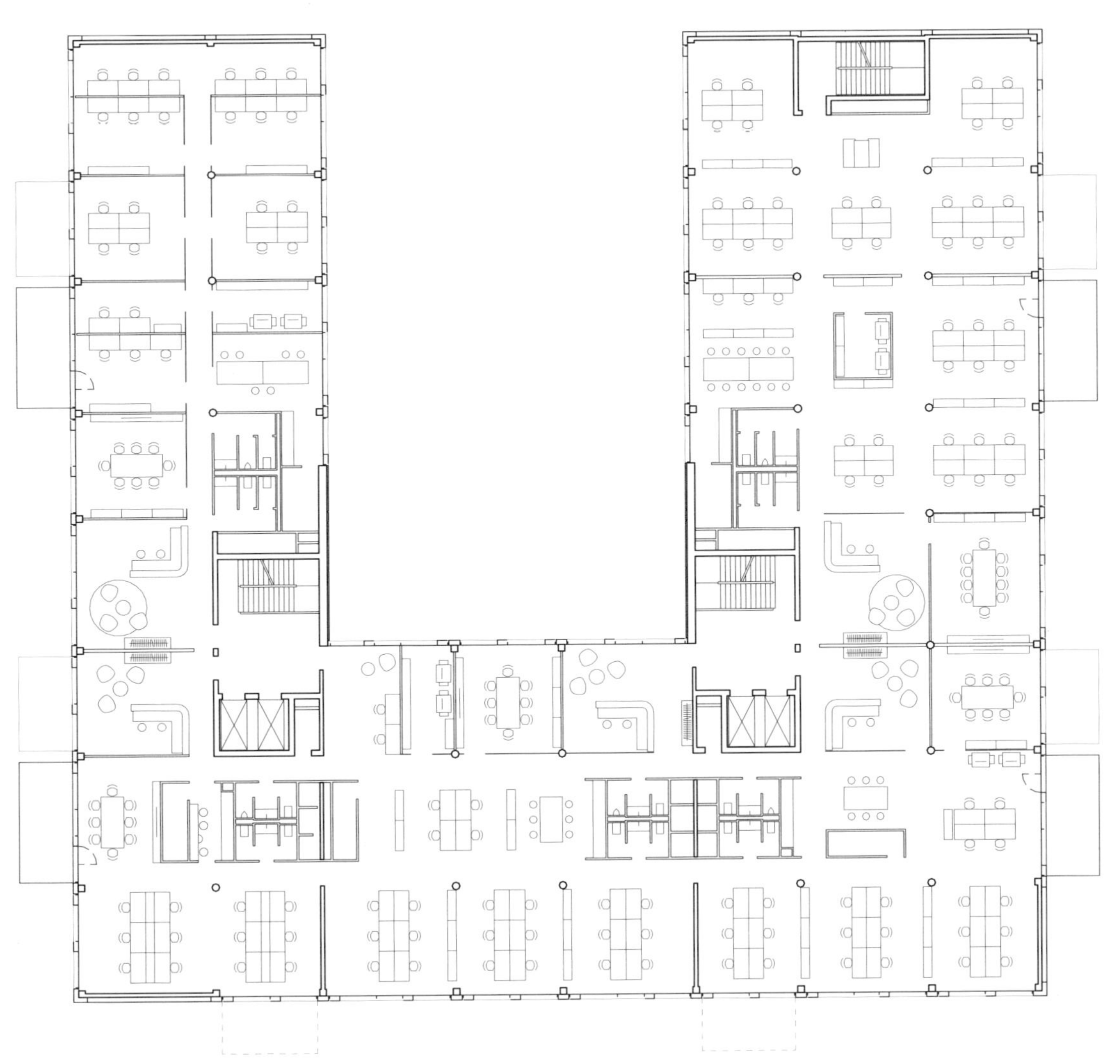

Grundriss Obergeschoss, M 1:400
Linke Seite: Grundriss Erdgeschoss, M 1:400
Folgende Seite: Blick von der Zugangsallee auf Haus 17

17
GEWERBE
17

17
QUATIERSSHOP

Linke Seite: Lobby
Oben: Blick von der Zugangsallee auf Haus 17
Unten: Blick von der Röblingstraße / Verlängerung Marienhöher Weg auf Haus 17

Oben: Blick von der Zugangsallee auf Haus 18
Unten: Blick aus Osten auf Haus 18

HAUS 18

Hausfarbe NCS S 4050-G80Y

Gewerbegebäude

Anzahl der Geschosse: 5
Bruttogeschossfläche gesamt (BGF oberirdisch): 5.010 m²
Prägende Gestaltungsmerkmale: silbern eloxiertes Aluminium (EV6/EV1) geschlossen und als Lochblech, Betonfertigteile, farbige Photovoltaikelemente

Bürohochhaus

Als Hochhaus markiert Haus 04 die Grenze zwischen dem südlichen gewerblichen Teil des neuen Quartiers und dem Wohnteil rund um den Grünen Anger. Es besteht aus zwei Hauptvolumina mit fünf bzw. zehn Stockwerken, die durch ein Brückenbauwerk miteinander verbunden sind. Gemeinsam mit dem zurückgesetzten erdgeschossigen Eingangspavillon fasst das Brückenbauwerk einen geschützten Innenhof, der der Erschließung dient.

Die elementierte Bandfassade ist gestalterisch von geschosshohen, gefalteten Aluminium-Bekleidungselementen geprägt, hinter welchen sich die Lüftungsflügel der Fassade verbergen. Die Bekleidungen dienen der Absturzsicherung und bieten gleichzeitig einen Schall-, Sonnen- und Blendschutz. Sich abwechselnde, teils gelochte Bleche aus silbern und golden eloxiertem Aluminium sowie unterschiedliche Faltungen der Bekleidungselemente geben dem Gebäude seinen lebendigen Ausdruck. Auf der Südseite werden die Fassaden ergänzt durch farbig angepasste Photovoltaikpaneele.

Großzügige, zum Teil gemeinschaftlich zu nutzende Dachterrassen und Balkone vervollständigen die hochwertigen Büroflächen und stellen eine Verbindung des Gebäudes zu seiner Umgebung her.

Das flexible Raumkonzept berücksichtigt die Vielschichtigkeit moderner Arbeitsanforderungen. Ob Teamarbeit, Kommunikation oder individuelle Konzentration – hier findet jeder Aspekt der heutigen Arbeitswelt seinen passenden Raum.

HAUS 04

Hausfarben NCS S 4055-Y10R
und NCS S 1510-Y

Gewerbegebäude

Anzahl der Geschosse: 5–10
Bruttogeschossfläche gesamt (BGF oberirdisch): 16.945 m²
Prägende Gestaltungsmerkmale: silbern (EV6/EV1) und golden eloxiertes (EV6/EV1) Aluminium geschlossen und als Lochblech, pulverbeschichtete Fassadenbänder in DB 702, farbige Photovoltaikelemente

HAUS 04

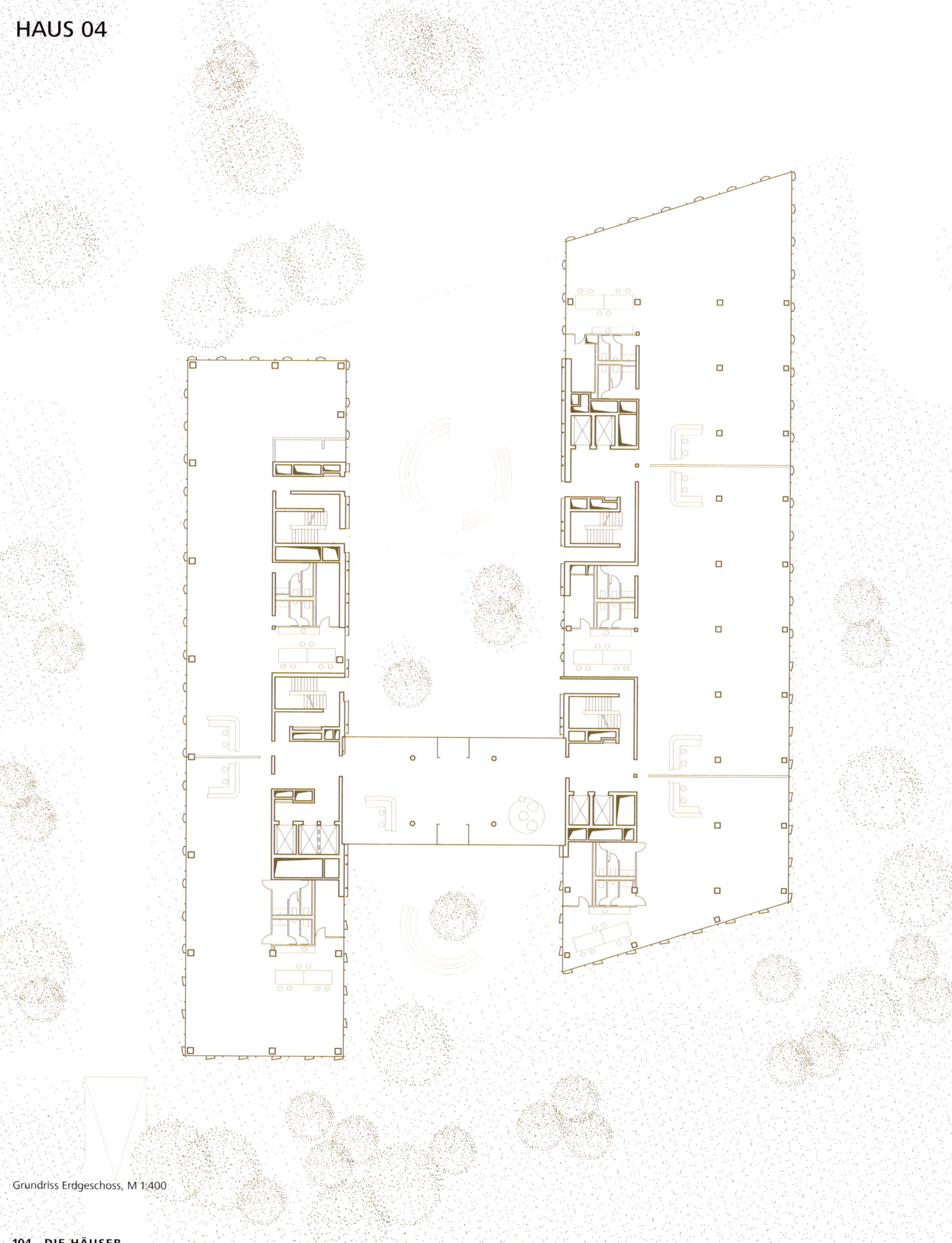

Grundriss Erdgeschoss, M 1:400

HAUS 04

Linke Seite: Grundriss Obergeschoss, M 1:400
Oben: Blick vom Anger auf Haus 04
Unten: Blick von den Gleisen auf Haus 04

Linke Seite: Lobby
Rechte Seite: Materialsammlung

„Eine soziale Segregation innerhalb des Quartiers soll so vermieden werden“

Interview 10–11/16

10. Wie fügt sich das Quartier mit seiner Nutzung und Dichte in das umliegende Umfeld und Berlin ein?

Tilman Weitz Unser Grundgedanke ist ein lebendiger Mix, der eine moderne Form der „Berliner Nutzungsmischung" repräsentiert. Wohnen, Arbeiten und Freizeit existieren zusammen. Das Umfeld des Stadtquartier Marienhöfe ist ein gemischtes Innenstadt-Randgebiet mit Fokus auf Wohnen, aber auch einem Gewerbeanteil. Insofern ergänzt das Quartier die bestehende Stadtstruktur und schafft dabei ein neues Zentrum.

Um diese Funktion wahrzunehmen und dem heutigen Flächenbedarf der Stadt – sowohl im Wohn- als auch im gewerblichen Bereich – gerecht zu werden, erreicht die Planung eine gesunde und zeitgemäße Bebauungsdichte, die etwas über der Umgebung liegt. Das Gleiche gilt für die Höhe der Bebauung, die leicht über die vorherrschenden vier Geschosse des Umfelds hinausgeht. Das Ergebnis ist ein Quartier mit einer modernen Dichte, mit großzügigen und angemessenen Freiräumen, als Destination ein Stück modernes, wachsendes Berlin.

*11. Welche soziale Zusammensetzung der Bewohner*innen und Nutzer*innen ist das Ziel der Planung?*

Tilman Weitz Das Quartier soll im Rahmen seiner städtischen Lage von einer ausgewogenen sozialen Mischung profitieren. Es sind ausschließlich Mietwohnungen geplant und keine davon aus dem Luxussegment. Die Qualität der Architektur und der Ausstattung unterscheidet sich nicht wesentlich zwischen geförderten und freifinanzierten Wohnungen, eine soziale Segregation innerhalb des Quartiers soll so vermieden werden. Die Wohnungsgrößen und Grundrisse sind auf verschiedene soziale und Einkommens-Zielgruppen abgestimmt, vom Sozialmieter bis zur Doppelverdiener-Familie aus der Mittelklasse.

Alle Generationen finden Platz, von der Kindertagesstätte bis zur Seniorenpflege gibt es Angebote, ein Ärztehaus und Wohnungen für Geflüchtete sind integriert. Verschiedene gastronomische und Freizeit-Angebote sollen das soziale Leben unterstützen.

Bei den Gewerbeangeboten bildet die Architektur flexible Flächen für die unterschiedlichsten Nutzer: Handwerker, Designer, Forschungseinrichtungen, Hochschulen, Büro und Verwaltung. Das geplante Hotel integriert Besucher*innen räumlich in das Quartier.

Fortsetzung Seite 140

Wohnen

HAUS 05: WOHNEN AM HOF, SEITE 117

HAUS 06: WOHNEN AM HOF, SEITE 123

HAUS 07: WOHNEN AM HOF, SEITE 125

HAUS 14: WOHNEN IM HOLZHYBRID, SEITE 129

HAUS 15: WOHNEN IM HOLZHYBRID, SEITE 133

HAUS 16: WOHNEN IM HOLZHYBRID, SEITE 135

HAUS 10: WOHNEN UND VERSORGUNG, SEITE 145

HAUS 11: WOHNEN UND VERSORGUNG, SEITE 149

HAUS 12: WOHNEN UND VERSORGUNG, SEITE 153

Wohnen am Hof

Die Häuser 05, 06 und 07 bilden eine typologische und räumliche Einheit in den neuen Marienhöfen. Es handelt sich um sechs- bis acht-stöckige Wohngebäude mit jeweils drei Eingängen und jeweils zwischen 92 und 105 Mietwohnungen, in unterschiedlichen Grundrissen und Größen von ein bis fünf Zimmern. Während sich in den Häusern 05 und 06 frei finanzierte Wohnungen befinden, sind die Neubauwohnungen in Haus 07 öffentlich gefördert. Die Gebäude haben einen nach Südosten und zum Grünen Anger hin ausgerichteten und gegenüber der Umgebung angehobenen Eingangshof, der der Erschließung und als ruhige und grüne Freifläche für die Bewohner dient. Westseitig schirmen die Gebäude das Quartier gegen die angrenzende Bahntrasse ab. Die Fassadengestaltung – dieser „Gestaltungsfamilie" – zeichnet sich durch dunkelbraune, filigran gestaltete Keramikelemente aus, die eine strukturierte Gliederung bieten und einen Kontrast zur hellen, fein verputzten Fassade darstellen.

Blick vom Innenhof auf Haus 05
Folgende Seite: Blick vom Anger auf Haus 05

HAUS 05

Hausfarbe NCS S 1080-Y40R

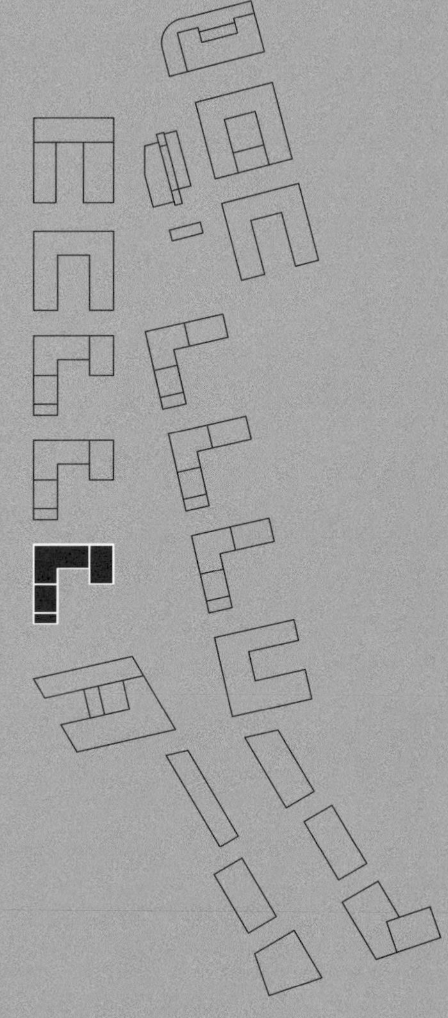

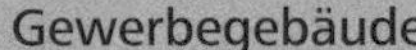

Gewerbegebäude

Anzahl der Geschosse: 6–8
Bruttogeschossfläche gesamt (BGF oberirdisch): 10.892 m²
Prägende Gestaltungsmerkmale: Keramikfassadenelemente, Feinputzfassade, Lochfenster
Anzahl der Wohnungen (davon barrierefrei): 92 (50)

HAUS 05

5

HAUS 05

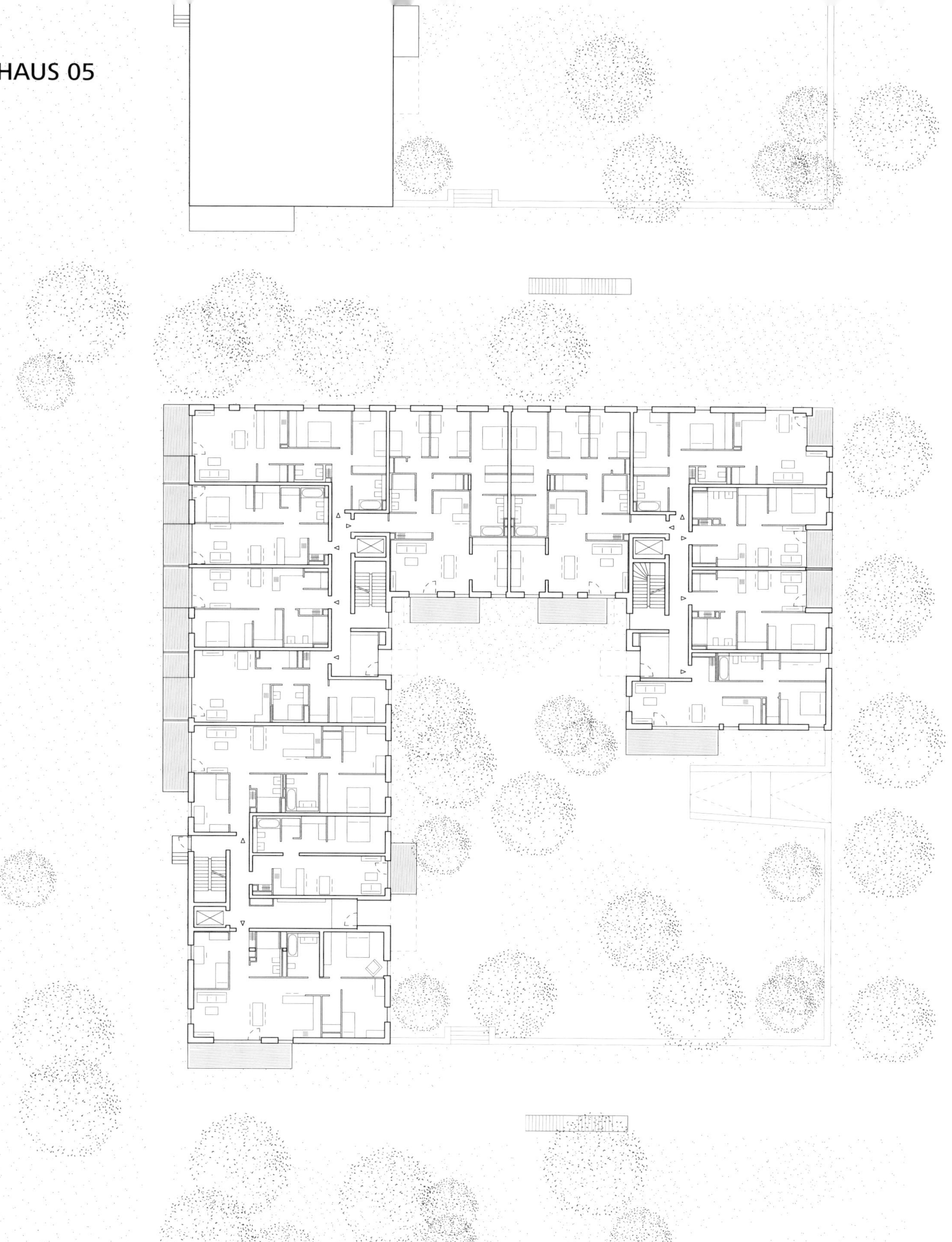

Grundriss Erdgeschoss, M 1:400
Rechte Seite: Materialsammlung

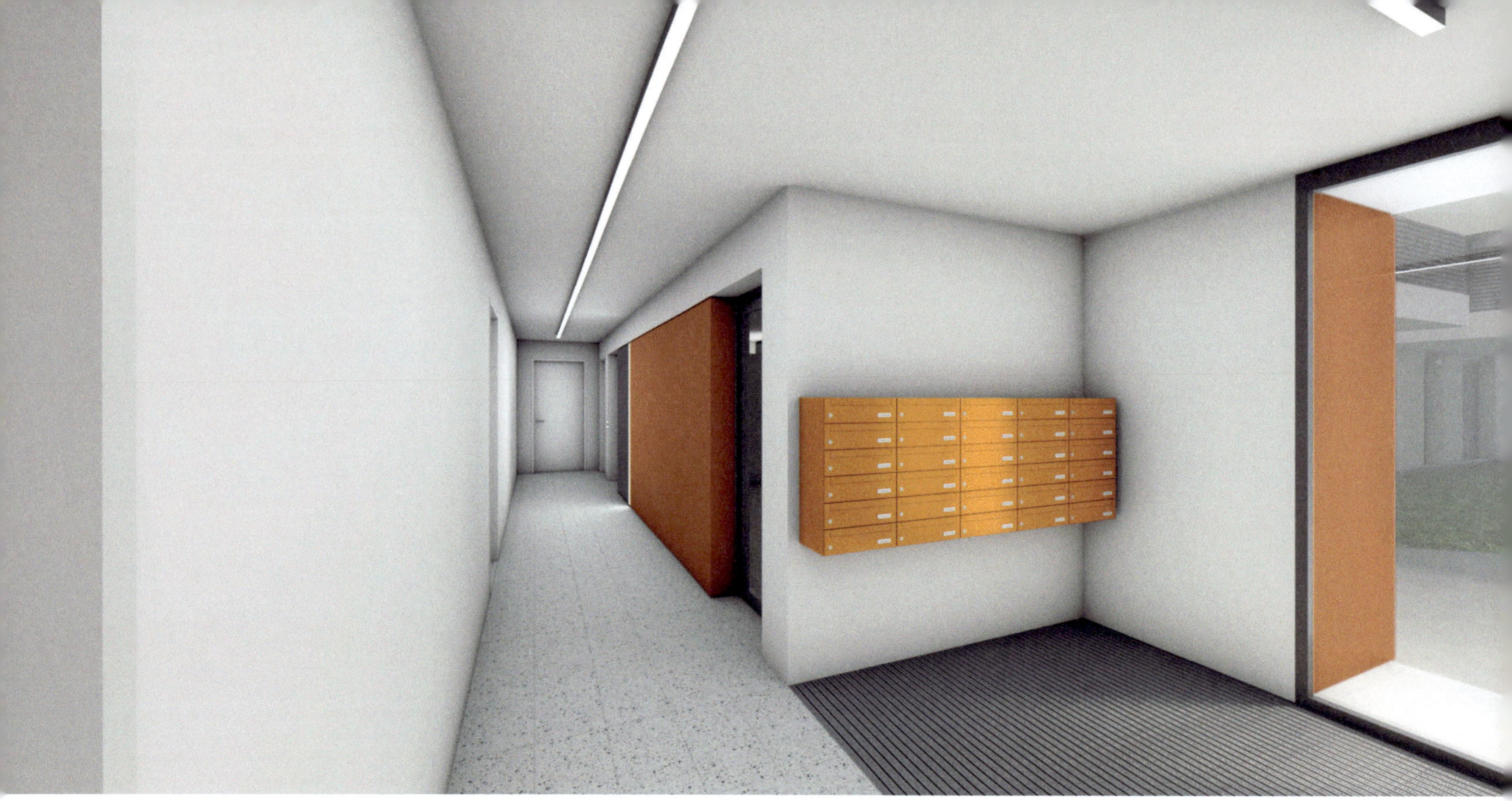

Oben: Lobby
Unten: Blick vom Innenhof auf Haus 06

HAUS 06

Hausfarbe NCS S 2070-Y50R

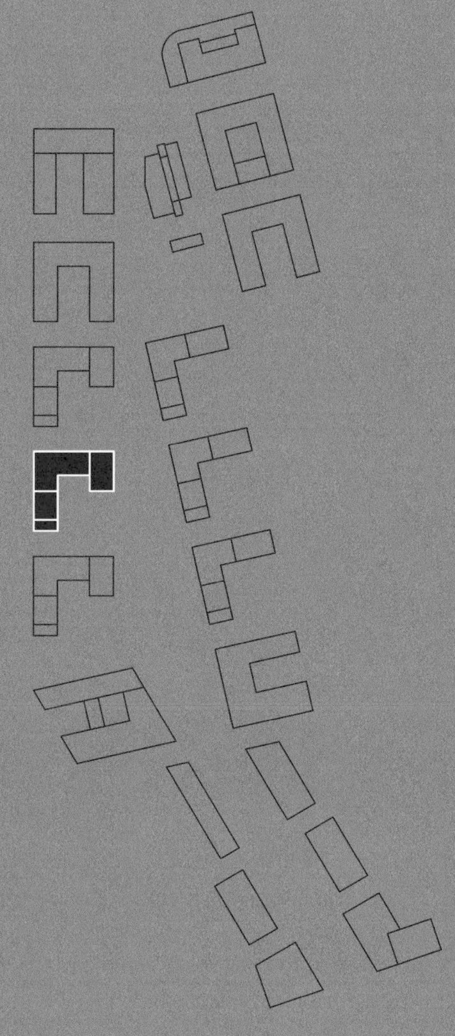

Gewerbegebäude

Anzahl der Geschosse: 6–8
Bruttogeschossfläche gesamt (BGF oberirdisch): 10.893 m²
Prägende Gestaltungsmerkmale: Keramikfassadenelemente, Feinputzfassade, Lochfenster, Bänder aus dunkelbraunen, filigran gestalteten Keramikelementen
Anzahl der Wohnungen (davon barrierefrei): 92 (50)

Oben: Detailausschnitt der Fassade
Unten: Blick vom Innenhof auf Haus 07

HAUS 07

Hausfarbe NCS S 3065-Y20R

Gewerbegebäude

Anzahl der Geschosse: 6–8
Bruttogeschossfläche gesamt (BGF oberirdisch): 10.089 m²
Prägende Gestaltungsmerkmale: Keramikfassadenelemente, Feinputzfassade, Lochfenster
Anzahl der Wohnungen (davon barrierefrei): 105 (72)
Das Haus 07 bilden zusammen mit den Häusern 5 und 6 ein Ensemble.
In dem Haus befinden sich über 100 sozial geförderte Wohnungen.

Wohnen im Holzhybrid

Die Häuser 14, 15 und 16 mit ihren freifinanzierten Wohnungen werden in Hybridbauweise aus Holz und Stahlbeton errichtet. Hochwertige Materialien prägen das Erscheinungsbild innen und außen. Die vorgefertigten, mit Putzträger- und profilierten Faserzementplatten verkleideten Holzrahmen-Elemente der Fassade lassen sich in der Struktur der Fassade ablesen und spiegeln in ihrer Modularität sowohl die Nachhaltigkeit und Effizienz der Gebäude als auch die Individualität und Privatsphäre der jeweiligen Wohneinheiten wieder. Ein weiteres Beispiel einer „Gestaltungsfamilie".

Das quartiersübergreifende Farbkonzept tritt bei diesen Häusern über die zum Anger orientierten farbigen Stahlbalkone besonders in Erscheinung. In den sechs- bis acht-stöckigen Gebäuden mit jeweils drei Eingängen befinden sich jeweils zwischen 78 und 80 Wohnungen. In den Erdgeschossen der Häuser 14 und 16 finden sich Flächen für kleine Gewerbe- und Gastronomieeinheiten.

HAUS 14

Hausfarbe NCS S 1060-Y90R

Wohngebäude mit Gewerbe im Erdgeschoss

Anzahl der Geschosse: 6–8
Bruttogeschossfläche gesamt (BGF oberirdisch): 8.920 m^2 (W), 706 m^2 (G)
Prägende Gestaltungsmerkmale: profilierte Faserzementplatten, farbige Balkone mit einer frontalen Glasbrüstung, gläsernes Erdgeschoss
Anzahl der Wohnungen (davon barrierefrei): 78 (41)

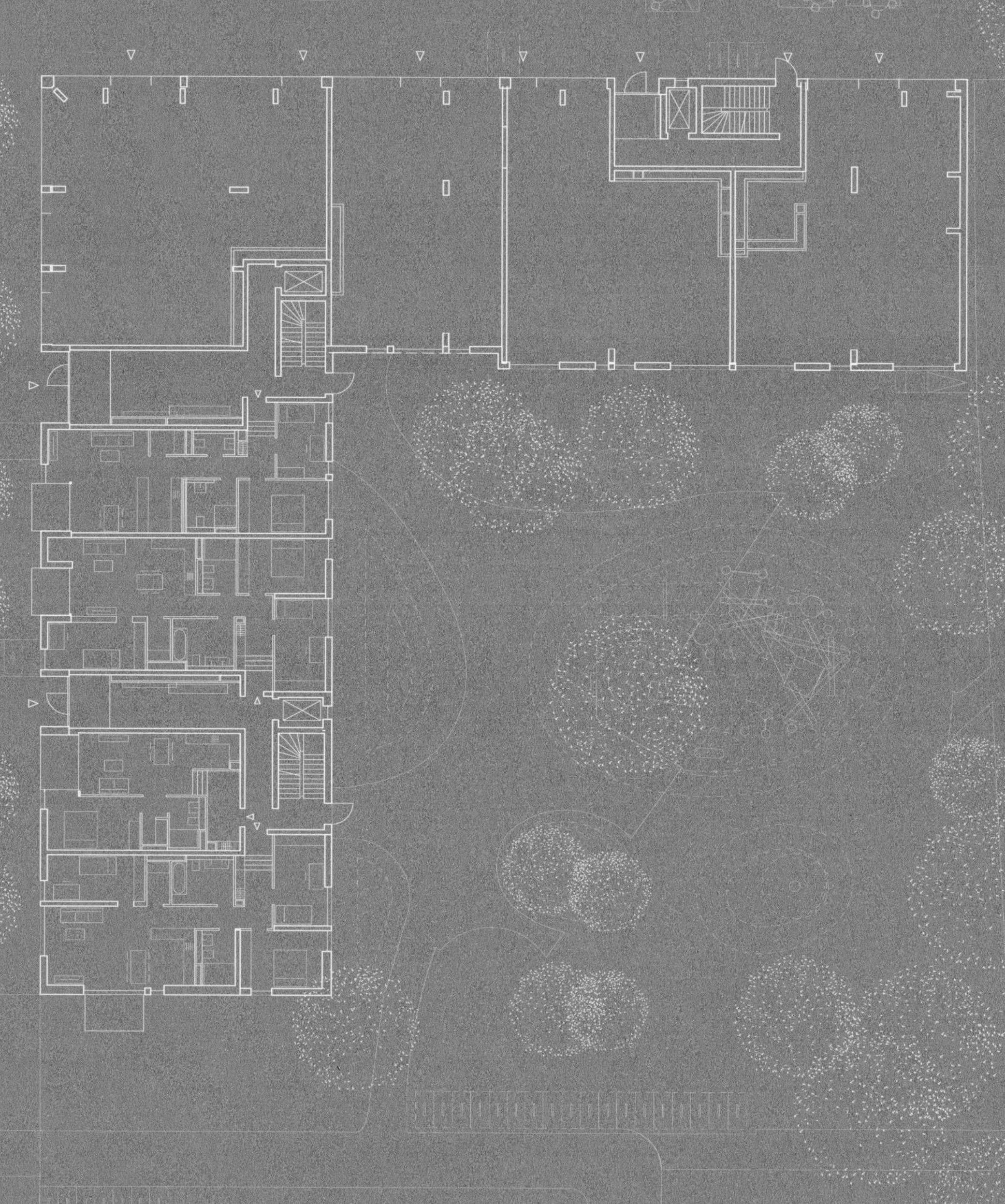

Linke Seite: Grundriss Erdgeschoss, M 1:400
Oben: Grundriss Obergeschoss, M 1:400

HAUS 15

Hausfarbe NCS S 2070R

Wohngebäude

Anzahl der Geschosse: 6–8
Bruttogeschossfläche gesamt (BGF oberirdisch): 9.652 m² (W)
Prägende Gestaltungsmerkmale: profilierte Faserzementplatten, farbige Balkone mit einer frontalen Glasbrüstung
Anzahl der Wohnungen (davon barrierefrei): 80 (45)

Blick vom Grünen Anger auf die Häuser 14, 15 und 16
Folgende Seite: Blick vom Anger auf Haus 16

HAUS 16

Hausfarbe NCS S 3060-Y70R

Wohngebäude mit Gewerbe im Erdgeschoss

Anzahl der Geschosse: 6–8
Bruttogeschossfläche gesamt (BGF oberirdisch): 9.001 m² (W), 636 m² (G)
Prägende Gestaltungsmerkmale: profilierte Faserzementplatten, farbige Balkone mit einer frontalen Glasbrüstung, gläsernes Erdgeschoss
Anzahl der Wohnungen (davon barrierefrei): 79 (41)

HAUS 16

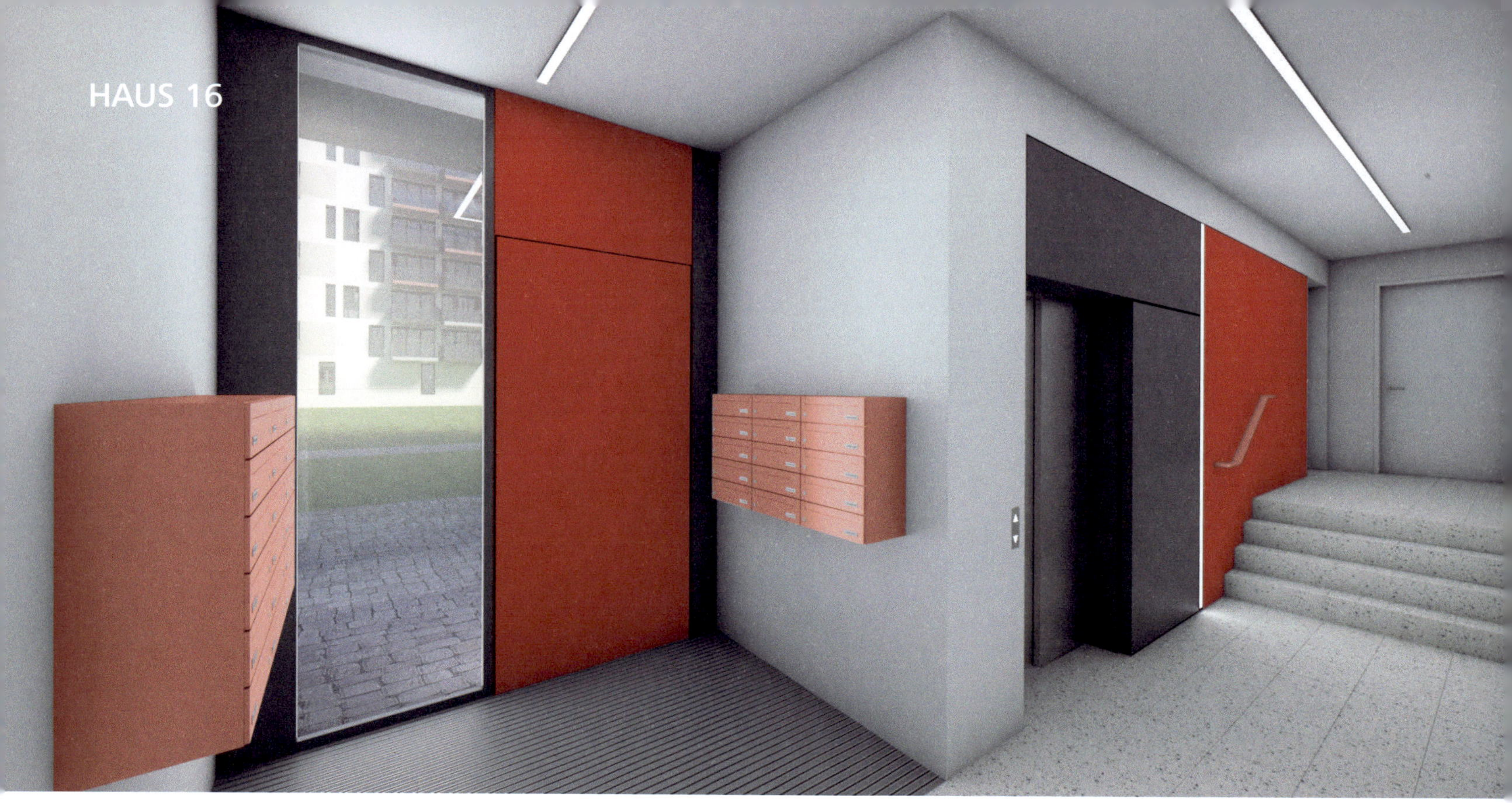

HAUS 16

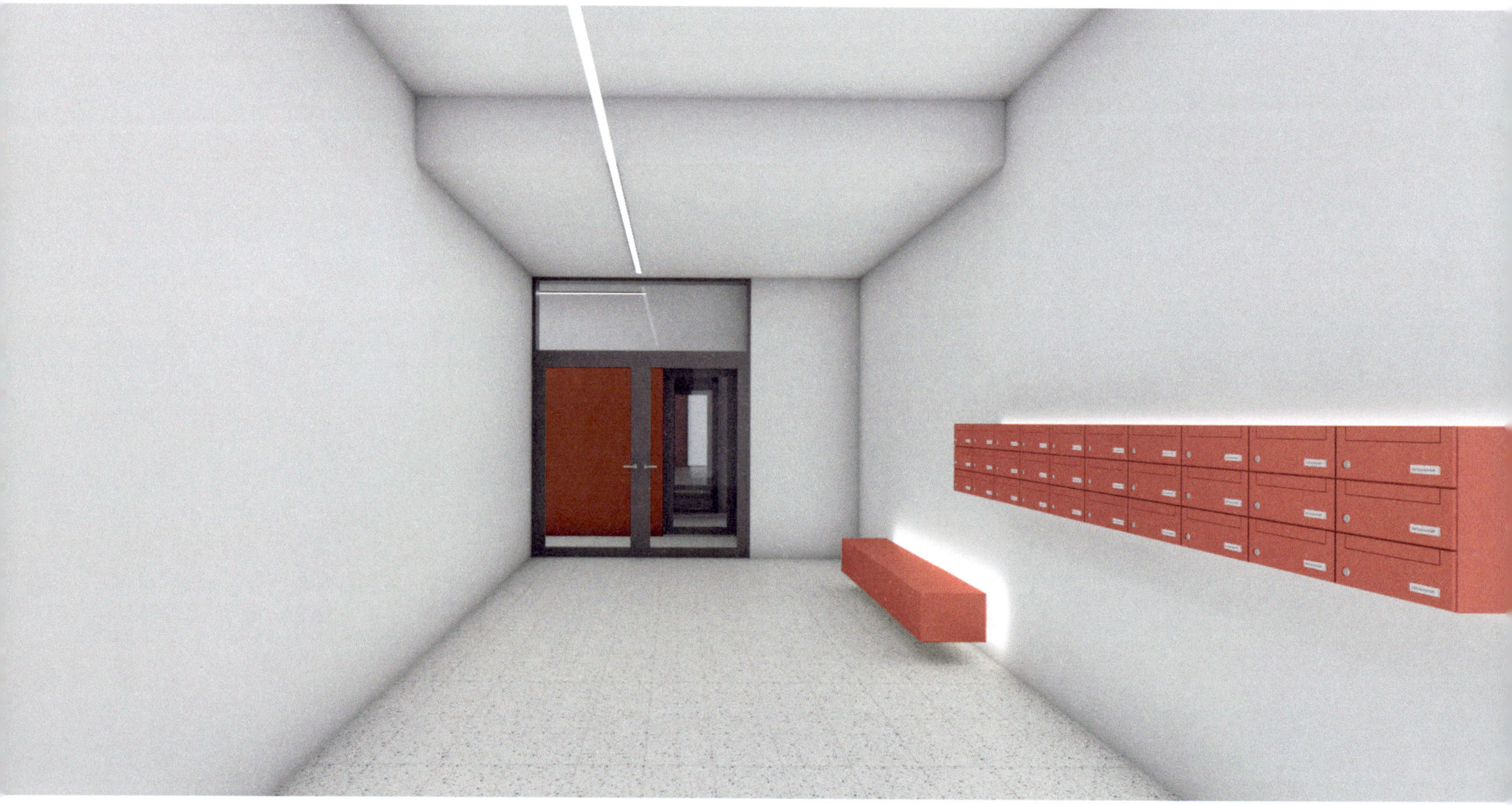

Oben: Lobby A
Unten: Lobby B
Rechte Seite: Materialsammlung

„Nachhaltigkeit als Kern: Energieeffizienz, soziales Miteinander und ästhetische Qualität prägen die Planung für eine zukunftsfähige Lebenswelt."

Interview 12–13/16

12. Welchen Stellenwert spielt das Thema Nachhaltigkeit?

Oliver Collignon Nachhaltigkeit ist ein Kernanliegen unserer Planung. Damit meinen wir die folgenden Aspekte:

- Bauliche und technische Maßnahmen, die Energie und Wasser sparen, CO_2-Neutralität anstreben und die Umwelt schonen. Orientierung an ESG-Richtlinien und dem CREEM-Pfad. Hinzu kommen sinnvolle Materialkonzepte und Holz-Hybridbauweise..
- Flexible, anpassbare Konzepte, die baulich und funktional langlebig sind.
- Soziale Nachhaltigkeit bedeutet eine Programmierung des Quartiers, die auf Dauer eine funktionierende Sozialstruktur und ein gutes Miteinander der Nutzer*innen und Bewohner*innen zum Ziel hat, und zwar für kommende Jahrzehnte. Wir nennen dies „Life Cycle Programming".
- Kulturelle Nachhaltigkeit steht für bauliche Qualität, die den Menschen Schönheit, Optimismus und Inspiration bieten soll. Lebensqualität und sozialer Austausch sind die Grundlagen um gemeinsam an einer positiven und kreativen Zukunft zu arbeiten.

In dem Kapitel „Nachhaltigkeit" (Seite 34) findet sich eine Übersicht über einzelne Elemente unserer Planung. Das Quartier hat ein Vorzertifikat DGNB Platin erhalten.

13. Welche Nachhaltigkeitsziele gab es für das Quartier im Planungsprozess?

Oliver Collignon Das anspruchsvolle Nachhaltigkeitsziel hat einen bedeutenden Einfluss auf die gesamte Planung des Projektes, sowohl auf die einzelnen Gebäude als auch auf das gesamte Quartier der Marienehöfe. Es galt von Anfang an eine klare Vision und konkrete Ziele zu definieren und diese in allen Planungsphasen zu berücksichtigen. Dabei haben wir ökologische, ökonomische und soziale Aspekte gleichermaßen berücksichtigt.

Die Integration anspruchsvoller Nachhaltigkeitsziele erfordert einen erhöhten Planungsaufwand und komplexere Abstimmungen zwischen den einzelnen Projektbeteiligten. Es müssen innovative Lösungen gefunden werden, um die Ziele zu erreichen, was die Einbindung namhafter Spezialisten erforderlich macht und zusätzliche Zeit und Ressourcen in Anspruch nimmt. Dennoch ist dieser Aufwand gerechtfertigt, um eine nachhaltige und zukunftsfähige Planung zu gewährleisten.

Fortsetzung Seite 174

MARKT
MARKT
MARKT

Wohnen und Versorgung

Die Struktur der Häuser 10, 11 und 12 ist geprägt durch die Topografie. Geschickt gliedern sich die Häuser in die von der Röblingstraße zum Quartier hin stark abfallende Landschaft ein. Das Erdgeschoss orientiert sich zu dem tiefer liegenden Quartiersplatz. Durch den hier platzierten großflächigen Einzelhandel und dessen Anlieferung lassen sich die wegen des Geländeversprungs straßenseitig unbelichteten Bereiche optimal nutzen. In den Obergeschossen werden in den drei Häusern insgesamt 205 neue Wohnungen geschaffen – die Wohnungen in Haus 12 als Unterkunft für Geflüchtete gemäß den Anforderungen des Berliner Landesamts für Flüchtlinge und die in den Häusern 10 und 11 als öffentlich geförderte Wohnungen. Für die Wohnungen für Geflüchtete wurde eine Grundriss- und Baustruktur entwickelt, die einen späteren Umbau gemäß den Vorschriften für den öffentlich geförderten Wohnungsbau ermöglicht.

Die geometrisch einfachen Baukörper werden durch ausgewählte monochrome Töne der Feinputzfassade gegliedert. Die Fassaden erhalten ihre Eleganz durch eine Komposition aus Balkonen bzw. Loggiaeinschnitten und die Proportionen der geschossweise verspringenden Lochfenster.

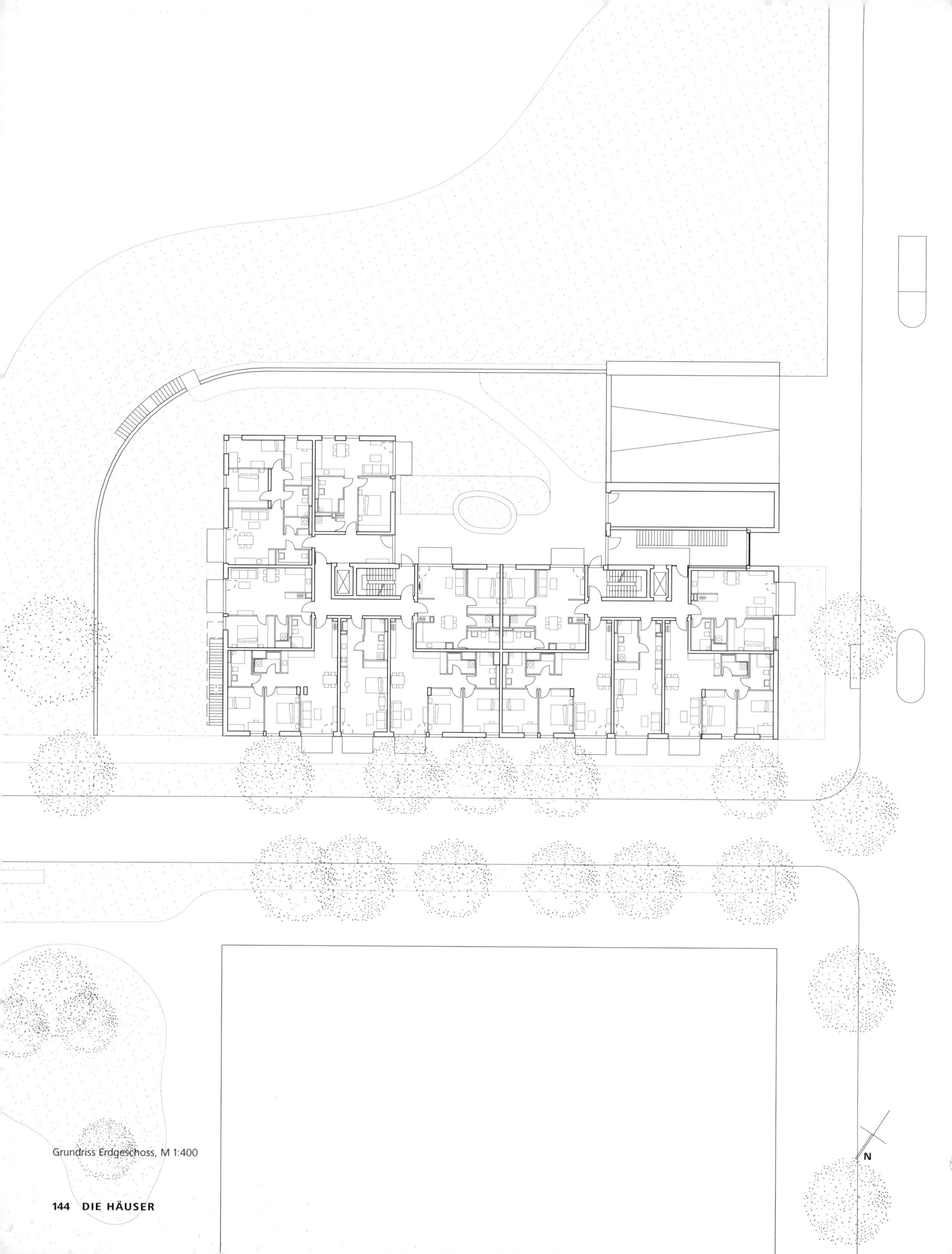

Grundriss Erdgeschoss, M 1:400

HAUS 10

Hausfarbe NCS S 8505-B80G

Wohngebäude mit Handels- und Gewerbegeschoss

Anzahl der Geschosse: 4 Obergeschosse über einem Gewerbegeschoss
Bruttogeschossfläche gesamt (BGF oberirdisch): 5.107 m² (W), 2.152 m² (G)
Prägende Gestaltungsmerkmale: weiße Feinputzfassade, Lochfenster mit großzügiger Verglasung zu Balkonen und Terrassen
Anzahl der Wohnungen (davon barrierefrei): 54 (28)

HAUS 10

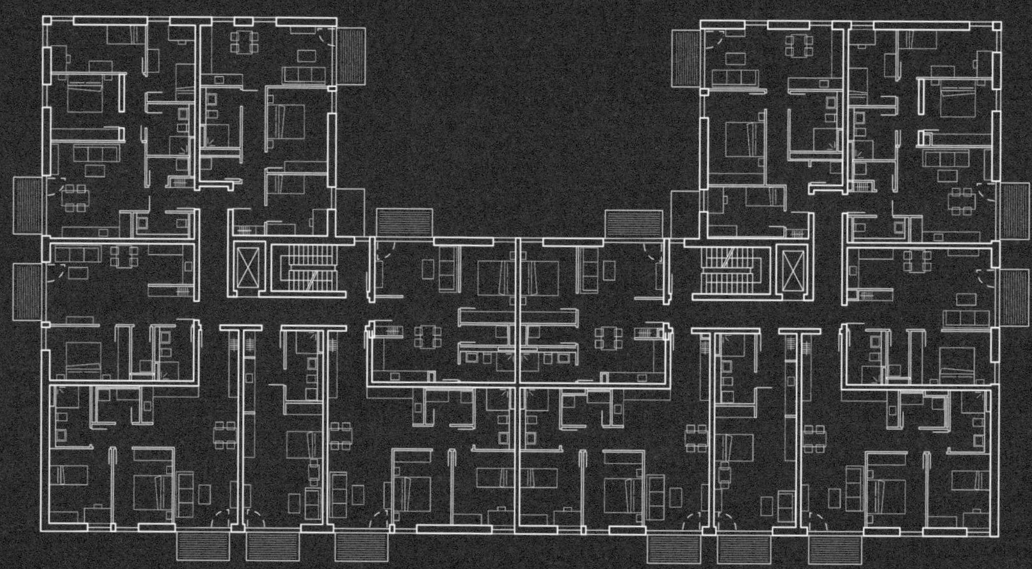

Linke Seite: Grundriss Obergeschoss, M 1:400
Oben: Blick von der Röblingstraße auf Haus 10
Unten: Blick auf den Eingangsbereich von Haus 10

Oben: Detailausschnitt der Fassade
Unten: Blick in den Innenhof von Haus 11

HAUS 11

Hausfarbe NCS S 7005-B80G

Wohngebäude mit Handels- und Gewerbegeschoss

Anzahl der Geschosse: 4 Obergeschosse über einem Gewerbegeschoss
Bruttogeschossfläche gesamt (BGF oberirdisch): 7.909 m² (W), 2.873 m² (G)
Prägende Gestaltungsmerkmale: Weiße Feinputzfassade, Lochfenster mit großzügiger Verglasung zu Balkonen und Terrassen
Anzahl der Wohnungen (davon barrierefrei): 83 (66)

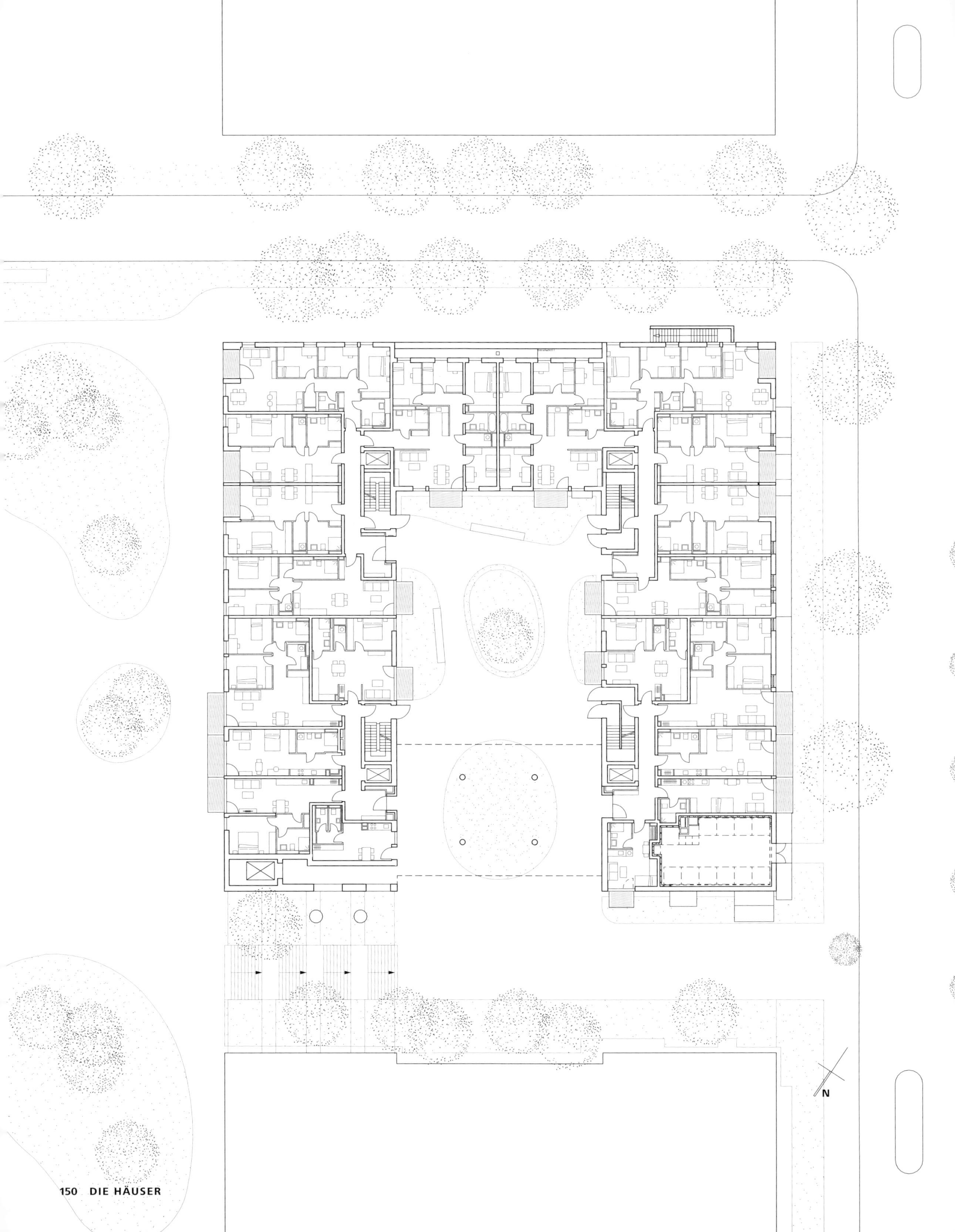
N

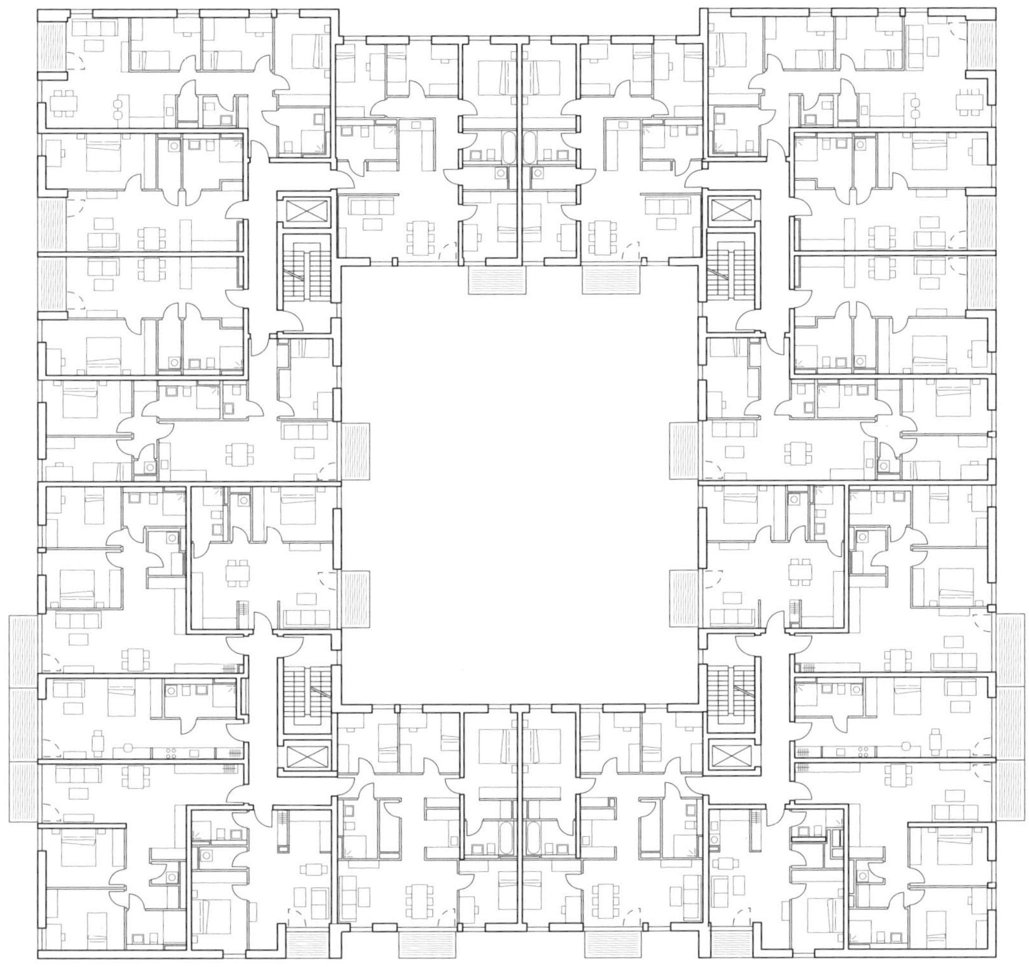

Grundriss Obergeschoss, M 1:400
Linke Seite: Grundriss Erdgeschoss, M 1:400
Folgende Seite: Blick von der Röblingstraße auf Haus 12

HAUS 12

Hausfarbe NCS S 4005-B80G

Wohngebäude mit Handels- und Gewerbegeschoss und Erstnutzung für Geflüchtete

Anzahl der Geschosse: 4 Obergeschosse über einem Gewerbegeschoss
Bruttogeschossfläche gesamt (BGF oberirdisch): 7.699 m² (W), 5.217 m² (G)
Prägende Gestaltungsmerkmale: weiße Feinputzfassade, Lochfenster mit großzügiger Verglasung zu Balkonen und Terrassen
Anzahl der Wohnungen (davon barrierefrei): 68 (38)

HAUS 12

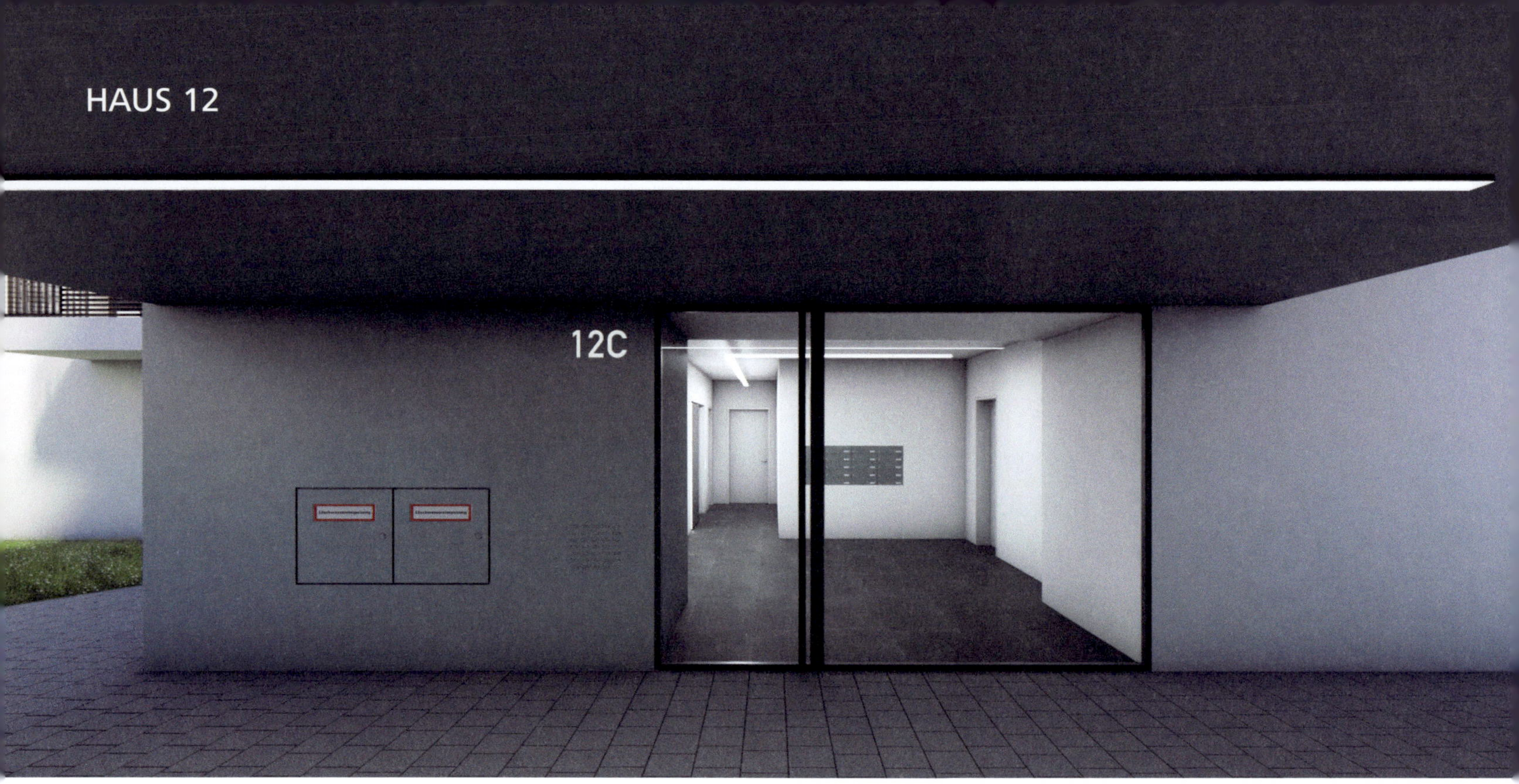

Oben: Eingangsbereich von Haus 12
Unten: Blick in den Innenhof von Haus 12
Reche Seite: Erschließungsflur im Obergeschoss
Folgende Seite: Gewerbegrundriss Haus 10, 11 und 12, M 1:400

N

Soziales

HAUS 08: GESUNDHEIT, SEITE 163

HAUS 08: GESUNDHEIT, SEITE 163

HAUS 09: GENERATIONEN, SEITE 177

HAUS 09: GENERATIONEN, SEITE 177

HAUS 13: GEMEINSCHAFTSHAUS, SEITE 185

HAUS 13: GEMEINSCHAFTSHAUS, SEITE 185

HAUS 13: GEMEINSCHAFTSHAUS, SEITE 185

HAUS 13: GEMEINSCHAFTSHAUS, SEITE 185

HAUS 13: GEMEINSCHAFTSHAUS, SEITE 185

Gesundheit

Haus 08 wird von zwei Nutzungsgruppen geteilt: Im Westflügel werden weitere 52 Wohneinheiten geschaffen, während sich im östlichen Bauteil ein Ärzt*innenhaus mit flexiblen Praxisräumen befindet. Gestalterisch bildet das Haus ein Ensemble mit den nahe gelegenen Wohnhäusern 05 bis 07. Feine, filigran gestaltete Keramikplatten in einem dunklen Petrol gliedern die Fassade in die unterschiedlichen Geschosse. Durch ihren präzisen Einsatz können die unterschiedlichen Nutzungen an der Fassade abgelesen werden. Die spielerische Lochfassade der Wohneinheiten wird geschickt mit dem gerasterten Ärzt*innenhaus kombiniert.

Blick auf den Eingangsbereich von Haus 08

HAUS 08

Hausfarben NCS S 3065-Y20R
und NCS S 6530-B50GR

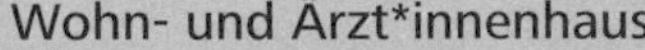

Wohn- und Ärzt*innenhaus

Anzahl der Geschosse: 6 (Wohngebäude – W), 5 (Ärzt*innenhaus – Ä)
Bruttogeschossfläche gesamt (BGF oberirdisch): 4.468 m² (W), 5.903 m² (Ä)
Prägende Gestaltungsmerkmale: Keramikfassadenelemente, Feinputzfassade
Anzahl der Wohnungen (davon barrierefrei): 52 (30)

HAUS 08

Oben: Blick von den Gleisen auf Haus 08
Unten: Blick vom Quartiersplatz Nord auf Haus 08
Rechte Seite: Materialsammlung

HAUS 08

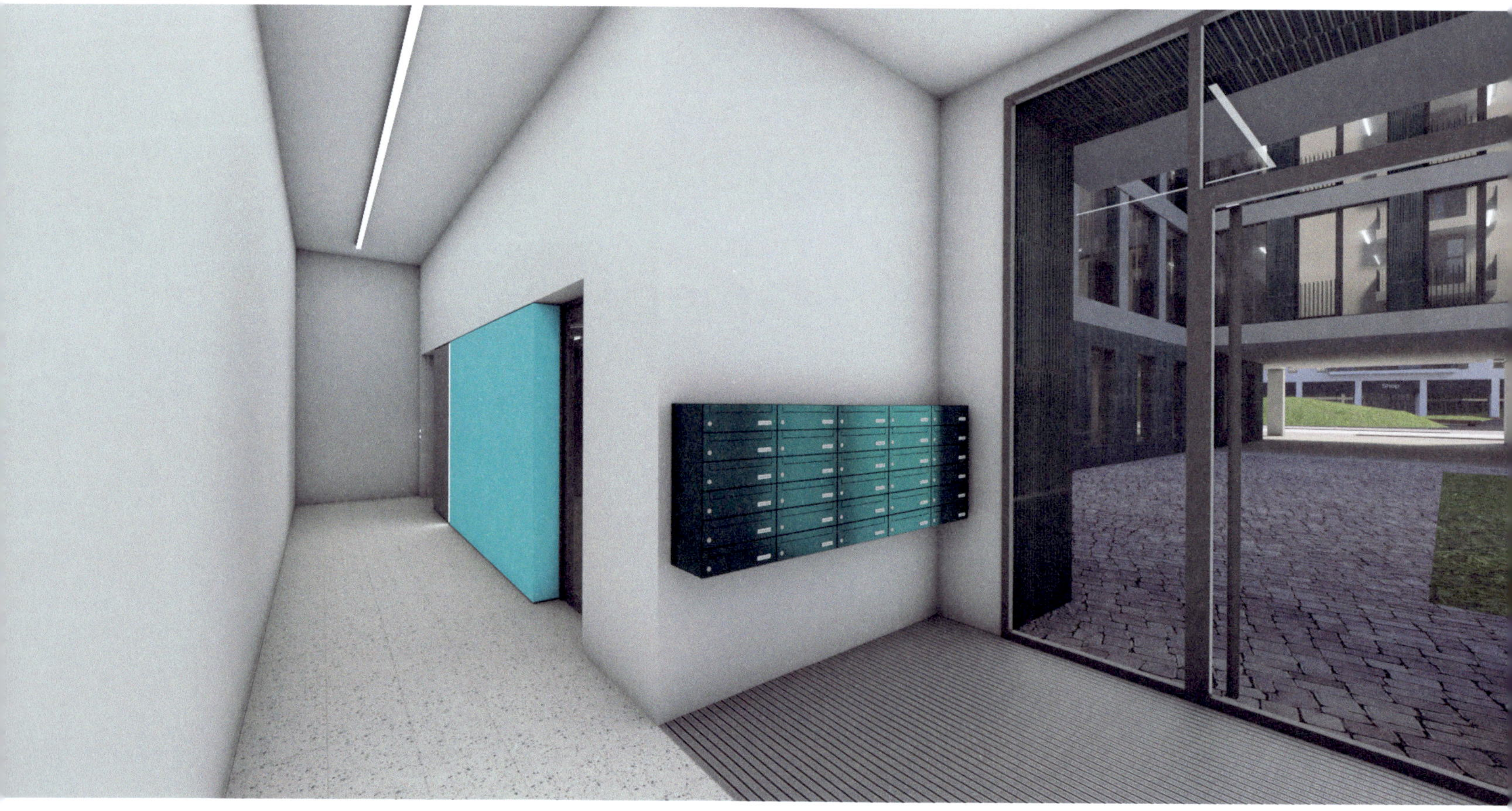

Oben: Lobby des Ärzt*innenhauses
Unten: Lobby des Wohngebäudes
rechte Seite: Grundriss Erdgeschoss, M 1:400

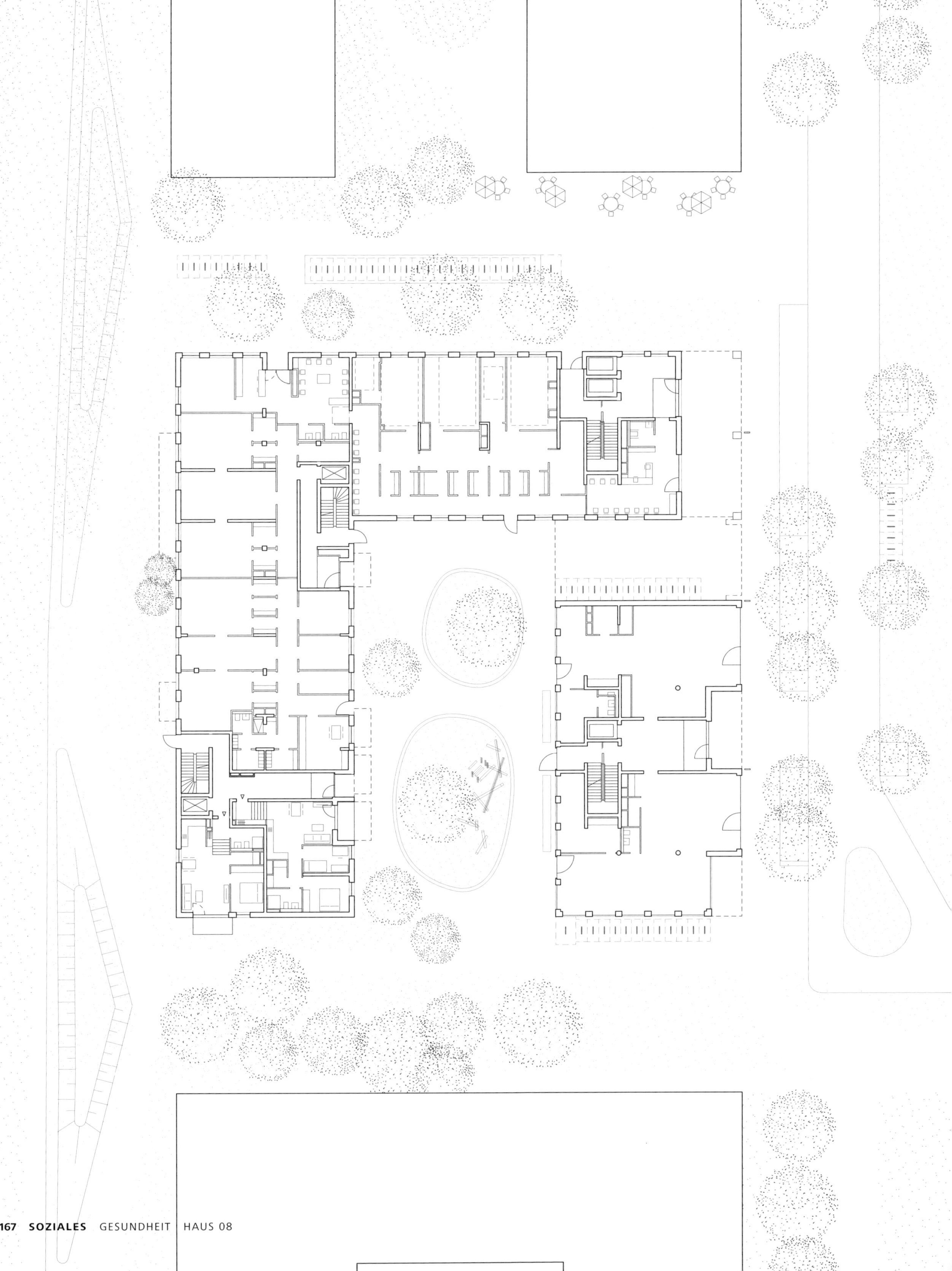

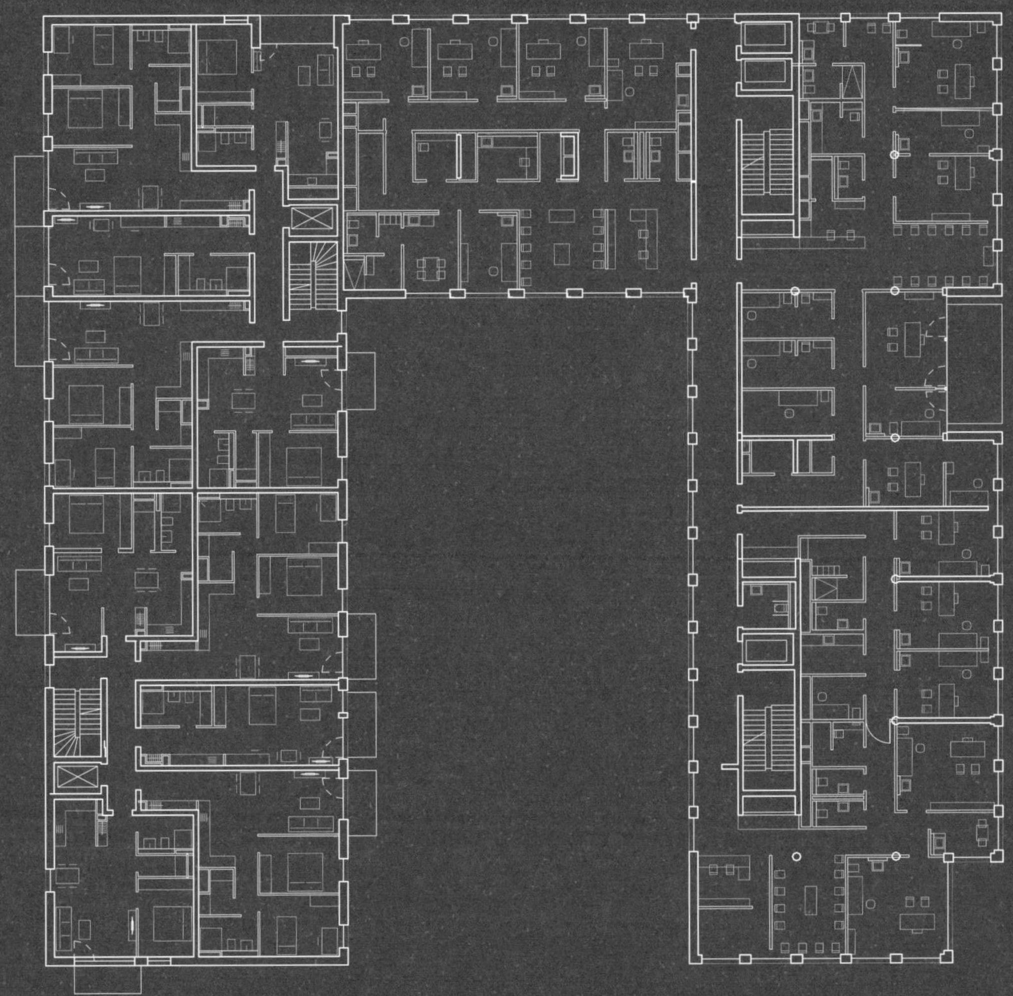

Grundriss Obergeschoss, M 1:400
Folgende Seite: Blick in den Hof von Haus 08

9c

Generationen

Haus 09 ist ein Begegnungsort für verschiedene Generationen, die hier ihr Zuhause finden, und hat somit eine soziale Signalwirkung. Im Nordflügel sind neben einer Kita in den unteren beiden Etagen in den darüber liegenden Geschossen klassische Wohnungen angeordnet. Im West- und im Ostflügel ist ein Seniorenheim mit Wohnungen und WG-Zimmern, aber auch Pflege-, Gemeinschafts- und Servicebereichen geplant. Das Café im Erdgeschoss bietet einen Treffpunkt der unterschiedlichen Generationen. Gestalterisch spiegelt sich diese Vielfalt der unterschiedlichen Nutzungs- und Raumanforderungen in der Fassade wider. Auf einer schlichten Putzfassade entsteht eine Komposition aus unterschiedlichen Fenstertypen und -formaten, die die jeweilige Nutzung sinnbildlich nach außen kommunizieren.

„Jedes Haus hat seinen eigenen farbigen Fußabdruck."

Interview 14–15/16

14. Wie ist es gelungen, dem Quartier einen architektonischen Charakter und den Gebäuden gleichzeitig individuelle Qualitäten zu geben?

Oliver Collignon Das Quartier wurde – bezogen auf die Kriterien Nutzung und Lage – in Gestaltungsgruppen sowie einzelne Gebäude eingeteilt. Diese Gruppen (meist drei Gebäude) erhalten jeweils gemeinsame Fassadenprinzipien mit eigener Identität. Eingeordnet in die entwickelten übergeordneten Gestaltungsprinzipien entsteht ein harmonisches Ganzes mit Einzelcharakteren. Herausgehoben sind das Quartiershaus am Quartiersplatz Nord und Hochpunkte im Süden und in der Mitte des Quartiers – sie erhalten eine eigene, auf ihre funktionale Besonderheit bezogene Architektur.

Der Entwurfsprozess oszillierte in einer achtsam gesteuerten Methodik durchgehend zwischen Individualität und Zusammengehörigkeit der Gebäude bzw. Gebäudegruppen. Die im Rahmen unserer Studio-Philosophie entwickelten Gestaltungsprinzipien bildeten die ästhetische Ordnung, auf der das breit aufgestellte Team für die jeweilige Gebäudetypologie individuelle Lösungen entwerfen konnte.

15. Welche Bedeutung haben die Farben im Quartier?

Heike Warns Fast alle Fassaden in den Marienhöfen werden geprägt von mineralischen Hauptmaterialien (Beton, Putz, Keramik) in Weiß und Grautönen mit wenigen farbigen Elementen unterschiedlicher Wichtigkeit. Es gibt wenige Gebäude mit eloxierten Aluminiumelementen in sehr hellen metallischen Schattierungen. Die verwendeten Materialien werden nutzungsbezogen den Gebäudetypologien zugeordnet. Dieser Ansatz sorgt für eine städtische Bodenständigkeit und eine ruhige ästhetische Heimat und Orientierung im Quartier.

In diesem ruhigen – wenngleich differenzierten – Stadtbild werden die einzelnen Gebäude individuell geprägt durch farbige Elemente in den öffentlichen Bereichen des Inneren. Grundlage ist ein komplexes und harmonisch abgestimmtes Farbsystem, das wir für alle Gebäude entwickelt haben. Diese Farben „fließen" nach außen, finden sich in den Eingangsbereichen und an den Orientierungs- und Infostelen, die jedem Gebäude vorgelagert sind, teilweise auch an den Balkonen. Sie individualisieren jedes einzelne Haus, machen es einmalig und bilden zugleich ein subtiles Orientierungssystem in den Marienhöfen.

Dieses Orientierungssystem ist besonders wichtig in der großen quartiersumgreifenden Tiefgarage. Jedes Haus hat seinen eigenen farbigen Fußabdruck. Diese Farben finden sich auf den Wänden der Hauseingänge und Fahrbahnmarkierungen wieder. Das „eigene Territorium" hebt sich ab und es entsteht eine lebendige, positive Farbwelt.

Fortsetzung Seite 196

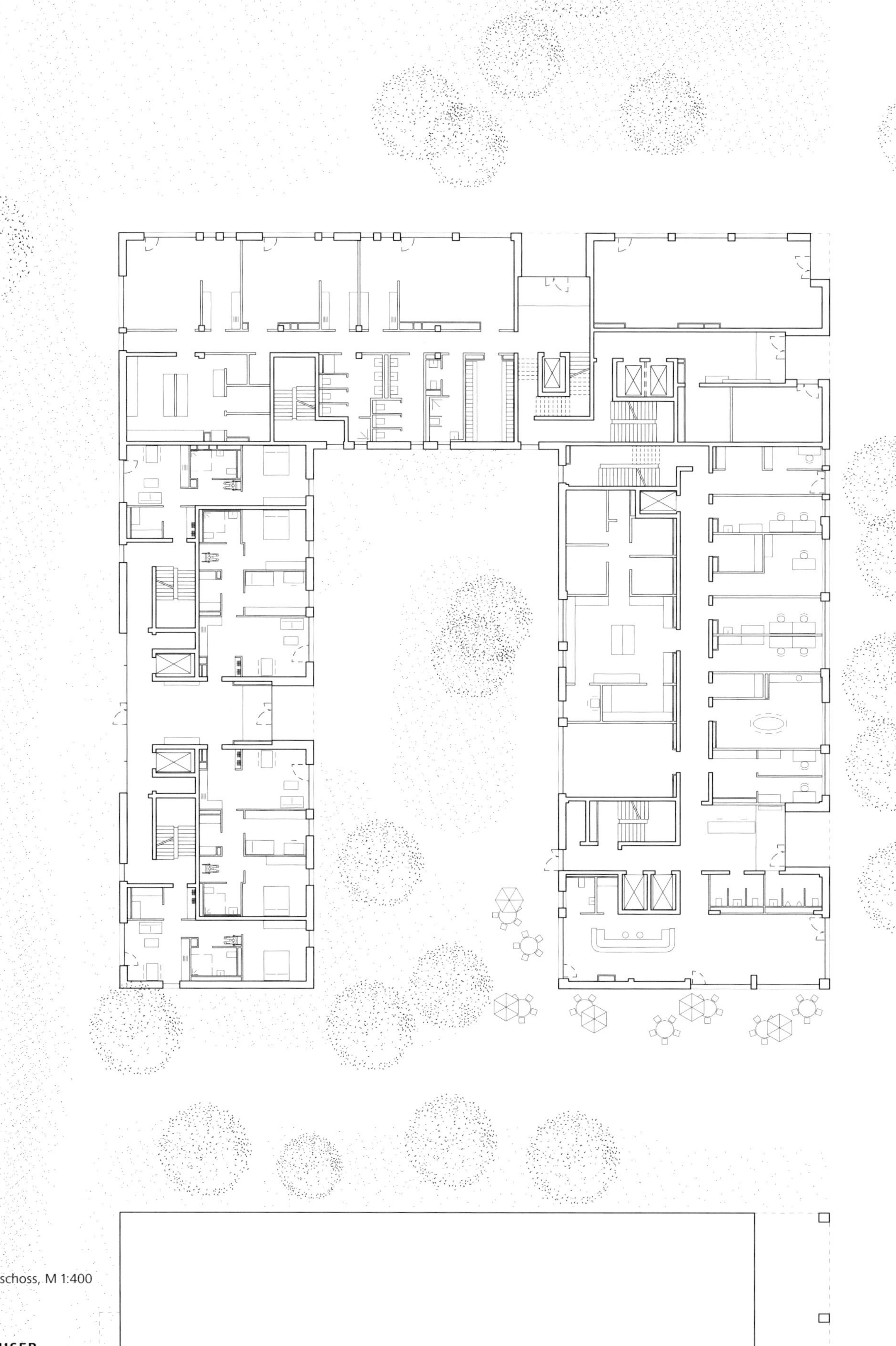

Grundriss Erdgeschoss, M 1:400

HAUS 09

Hausfarbe NCS S 8010-Y70R

Wohngebäude mit Kita und Seniorenwohnpark

Anzahl der Geschosse: 6–8
Bruttogeschossfläche gesamt (BGF oberirdisch): 14.076 m²
Prägende Gestaltungsmerkmale: farbiger Sockelbereich, Feinputzfassade, Lochfenster mit großzügiger Verglasung zu Balkonen und Terrassen
Anzahl der Wohnungen (davon barrierefrei): 54 (42) und 122 Plätze im Seniorenwohnpark

HAUS 09

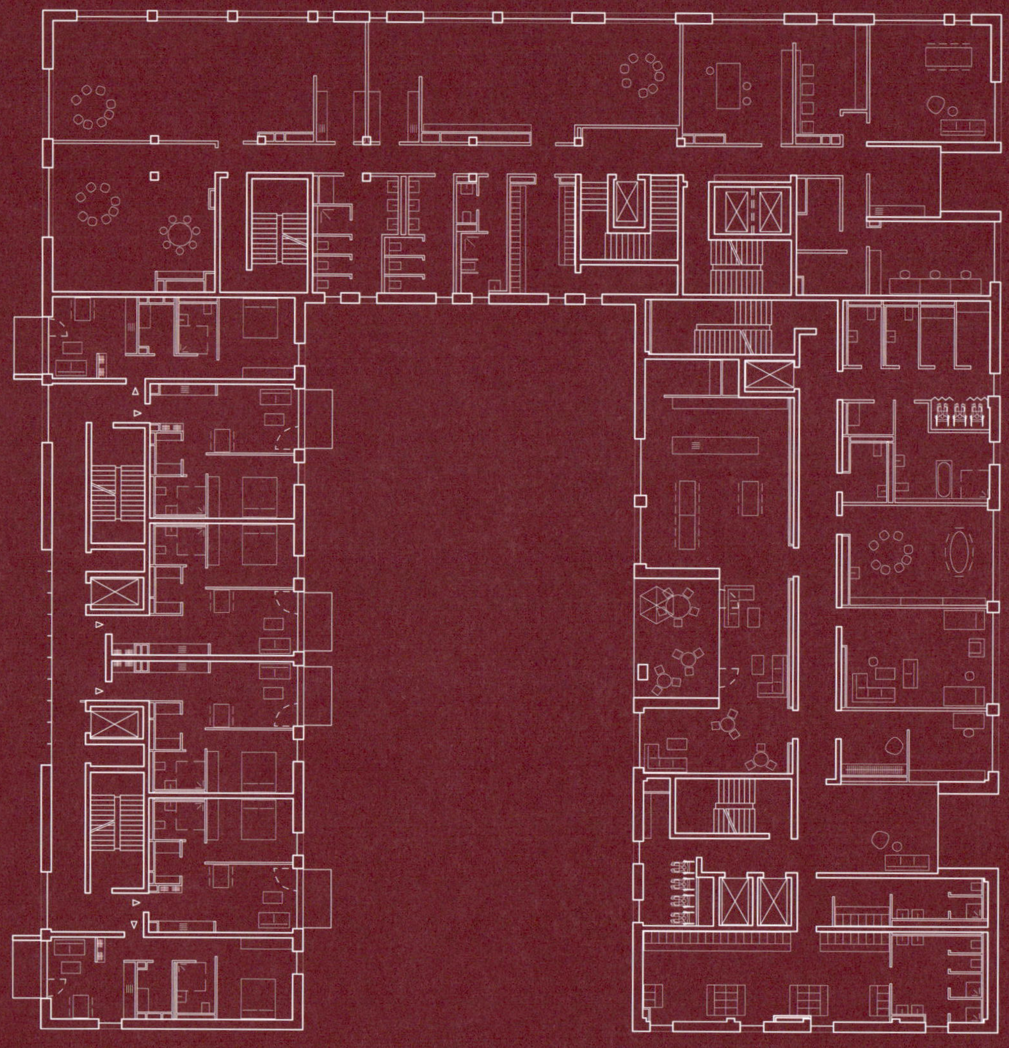

Grundriss Obergeschoss, M 1:400
Rechte Seite: Materialsammlung
Folgende Seite: Blick aus dem Park auf Haus 09

Perspektive

9c

13

HAUS 13
HAUS 13
HAUS 13
HAUS 13

Gemeinschaftshaus

Dieses Gebäude nimmt eine zentrale Rolle als sozialer Katalysator in dem neu entwickelten Quartier ein. Es befindet sich im Herzen des nördlichen Quartiersplatzes am Ende des Grünen Angers, welcher das Quartier durchzieht. Die transluzente Profilglas-Fassade schafft helle Innenräume, verleiht dem Bau auch bei Nacht eine markante Präsenz und macht ihn zum Ankerpunkt des gesamten Quartiers. Er bietet eine breite Palette an Nutzungsmöglichkeiten und fungiert als multifunktionales Zentrum.

Im Erdgeschoss befinden sich Räume für Gastronomie und ein Büchercafé. Der östliche Baukörper beinhaltet ein Sportstudio, im westlichen finden Gruppen- und Seminarräume, eine Kinderbibliothek und Verwaltungsfunktionen im Quartiershaus ihren Platz.

Die Innenräume sind geprägt von einer kräftigen, prägnanten Ästhetik, wobei Sichtbeton das dominante Material ist. Farbig gestaltete, großzügige öffentlich genutzte Balkone und eine freistehende Treppe aus Stahl sowie Brüstungen aus Streckmetall ziehen die Blicke im öffentlichen Stadtraum auf sich und ermutigen die Nutzer, das Gebäude aktiv zu erleben.

Oben: Blick auf den Balkon im 3. Obergeschoss
Unten: Freitreppe des Gemeinschaftshauses auf dem Quartiersplatz Nord

HAUS 13

Hausfarbe NCS S 0580-Y90R

Multifunktionsgebäude

Anzahl der Geschosse: 5
Bruttogeschossfläche gesamt (BGF oberirdisch): 4.859 m^2
Prägende Gestaltungsmerkmale: transluzente Fassade aus Profilglas, Sichtbeton, farbige weitausragende Stahlbalkone und Treppen, farbiges Streckmetall

HAUS 13

Grundriss Erdgeschoss, M 1:400
Rechte Seite: Blick auf die Freitreppe
Folgende Seite: Blick bei Nacht vom Quartiersplatz Nord auf das Gemeinschaftshaus

GEWERBE

Linke Seite: Offenes Treppenhaus
Oben: Blick in Richtung Balkon
Unten: Blick nach oben im offenen Treppenhaus

HAUS 13

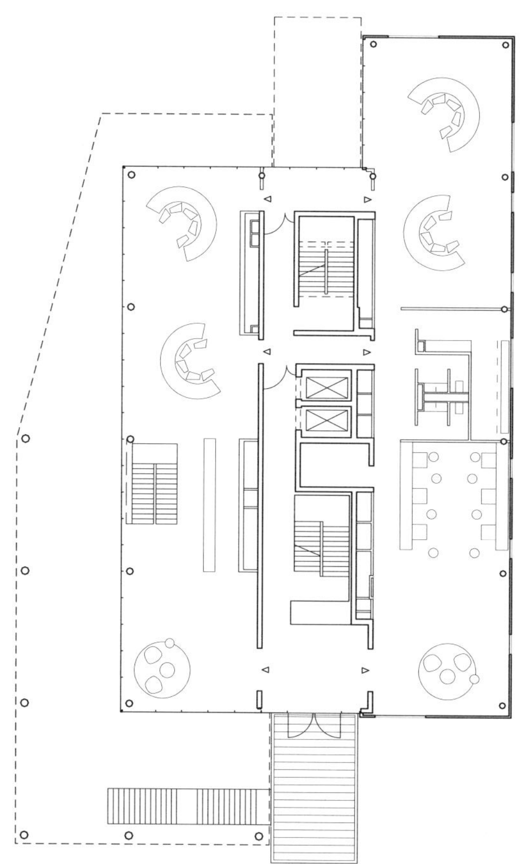

Grundriss Obergeschoss, M 1:400
Rechte Seite: Materialsammlung
Folgende Seite: Blick vom Quartiersplatz Nord auf das Gemeinschaftshaus

FITNESS

„Ein kompetentes und motiviertes Team ist der Schlüssel zum Erfolg"

Interview 16/16

16. Welche fünf projektunabhängigen Learnings haben sich bisher aus dem Projekt ergeben?

Heike Warns Die fünf Learnings, die wir aus unserem mehrjährigen Planungsprozess mitnehmen:

- Eine vielfältige Nutzungsmischung trägt zur Resilienz des Projekts bei und macht es weniger anfällig für Krisen im Immobilienmarkt, wie beispielsweise Bürokrise oder veränderte Nachfrage am Wohnungsmarkt.

- Entwicklung übergeordneter Gestaltung: Die Entwicklung von übergeordneten Gestaltungskonzepten wie Architekturfamilien, Farbkonzepte und Außenanlagen trägt maßgeblich zum Charakter, der Orientierung und der Identifikation mit dem Quartier bei. Dadurch entstehen lebenswerte Stadträume, die die Bewohner*innen und Nutzer*innen langfristig schätzen und lieben werden.

- Mit einem guten Team ist alles zu schaffen. Ein kompetentes und motiviertes Team ist der Schlüssel zum Erfolg. Durch eine gute Zusammenarbeit können auch herausfordernde Aufgaben bewältigt werden.

- Eine effektive Projektsteuerung ist entscheidend, um den Überblick zu behalten, Termine einzuhalten und Ressourcen optimal zu nutzen.

- Durch eine gemeinsame Zielfindung und kontinuierliche Lösungsentwicklung mit allen Projektbeteiligten kann eine starke Identifikation mit dem Projekt geschaffen werden. Das trägt dazu bei, dass alle Beteiligten an einem Strang ziehen und das Projekt erfolgreich umgesetzt wird.

P
EINFAHRT
MAN

HAUS 01
HAUS 02
HAUS 03
HAUS 04
HAUS 05
HAUS 06
HAUS 07
HAUS 08
HAUS 09
HAUS 10
HAUS 11
HAUS 12
HAUS 13
HAUS 14
HAUS 15
HAUS 16
HAUS 17
HAUS 18
HAUS 19
HAUS 20

Tiefgarage

Sämtliche Häuser des Quartiers sind unterirdisch über die Tiefgarage verbunden. Oberirdisch wird so ein weitestgehend autofreies Quartier ermöglicht. Über Zu- und Abfahrten im Norden und Süden jeweils am Anfang der Marienhöfe wird der Anwohner- und Besucherverkehr frühzeitig in die Tiefgarage umgeleitet. Die einzelnen Häuser zeichnen sich in der Tiefgarage über in der jeweiligen Farbfamilie des Hauses gestaltete Treppenhauszugänge ab. So kommt in der Tiefgarage auch das gesamte Farbkonzept des Quartieres zusammen und dient der Orientierung und Adressbildung innerhalb des Untergeschosses. Unterstützt wird die Orientierung auch durch das Beleuchtungskonzept, welches Haupterschließungsfahrgassen von untergeordneten Querungen über die Ausrichtung der Langfeldleuchten unterscheidet. Zusätzlich gliedern kreisrunde Öffnungen in der Tiefgaragendecke, die sich in den Außenanlagen jeweils zwischen den einzelnen Gebäuden befinden und der Belichtung und Belüftung der Tiefgarage dienen, die rund 500 Meter langen Haupterschließungsfahrgassen. In der Garage finden 820 PKW und 1.600 Fahrräder Platz, darunter Car-Sharing und Stellplätze mit Elektro-Lademöglichkeit.

Barrierefreier Zugang zur Tiefgarage

TIEFGARAGE

Hausfarbe NCS S 3560-G

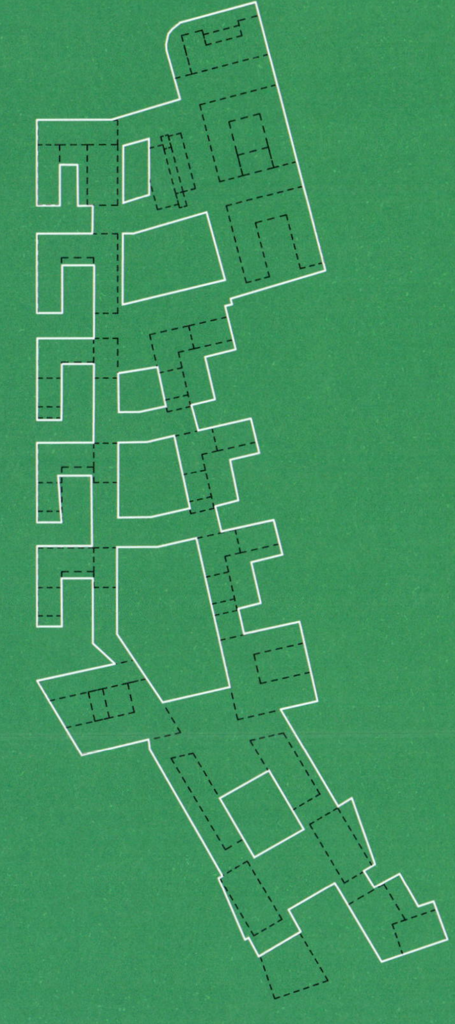

TIEFGARAGE

Stellplätze: 815 PKWs, 13 Lieferfahrzeuge und 1.600 Fahrräder
Bruttogeschossfläche gesamt: ca. 35.000 m²
Prägende Gestaltungsmerkmale: Orientierungs- und Wegeführungssystem basierend auf dem Farbkonzept der Häuser, farbiges Streckmetall als Verkleidung der Technik an der Decke, das Grün ist die Farbe der Treppen und Aufzüge, die nicht einzelnen Häusern zugeordnet sind.

Linke Seite: Tiefgarage im Bereich von Haus 04
Oben und unten: Tiefgarage im Bereich von Haus 05

TIEFGARAGE

Oben: Tiefgarage im Bereich von Haus 15
Unten: Tiefgarage im Bereich von Haus 08
Rechte Seite: Materialsammlung

DER ANHANG

Anerkennungen

Die Bauherrnschaft, Familie Semer aus Dortmund, haben uns Architekten mit großem Vertrauen bedacht. „Gute Bauwerke brauchen immer gute Bauherren" (Lord Norman Foster). Wir sind froh, unsere Auftraggeber in diesem intensiven und kreativen gemeinsamen Planungsprozess an unserer Seite gehabt zu haben. Ihre Kunst, das Projekt im politischen Genehmigungsprozess erfolgreich zu steuern, war und bleibt bewundernswert. Zuverlässiger Unterstützer des Projekts war der frühere Baustadtrat und heutige Bezirksbürgermeister von Tempelhof-Schöneberg Jörn Oltman, der an uns geglaubt und sich sehr für das Projekt eingesetzt hat, auch hausintern. Das im Lauf der Jahre immer wieder wechselnde Team im Stadtentwicklungsamt brachte seine Sichtweisen in einem komplexen Diskurs ein.

Auf eine eigene Projektsteuerung, wie wir sie für Projekte dieser Größe und Komplexität kennen, wurde zugunsten einer „kleinen Lösung" verzichtet – bestimmte Aufgaben wurden nach bestem Vermögen von der Bauherrnschaft und dem Planungsteam übernommen. Die Planer des Energiekonzepts und der technischen Ausrüstung, Firma IEE und Firma Schmitz & Sachse, haben sich tapfer dieser großen und komplexen Aufgabe gestellt. Die Tragwerksplaner, Knippers Helbig, haben übliche Konstruktionsarten verlässlich abgearbeitet und konnten auch für einige gestalterisch wichtige Besonderheiten gewonnen werden. Das Schallschutzkonzept von Dr. Benjamin Jäger, Müller-BBM, war wegweisend für die Realisierung unseres ungewöhnlichen Städtebaukonzepts –, und bei der normgerechten Umsetzung in der Detailplanung war Daniel Götting unser Fels in der Brandung. Das Team bei Buro Happold um Thomas Kraubitz hat das weit greifende Nachhaltigkeitskonzept auf den Punkt gebracht und das DGNB-Platin-Zertifikat in den Hafen gefahren. Susanne Stolper und René Günther von Arup haben uns mit viel Detailwissen und innovativem Spirit bei der Planung der komplexeren Fassaden unterstützt – großes Lob! Roman Kucharzak war wieder an unserer Seite bei den sonstigen Gewerbe- und Wohnfassaden – wie gut ist es, alte Freunde zu haben, die wissen, was sie tun. Intensive Diskussionen und Debatten mit den beiden Verkehrsplanungsbüros, VCDB und Ramboll, haben zu dem gewünschten Ergebnis geführt. Das wunderbare Gefühl der Akteure im Atelier Loidl für Außenräume und deren Gestaltung sowie die Übereinstimmung unserer Grundüberzeugungen haben wesentlich zur Quartiersqualität beigetragen. Auch dies ein jahrzehntealtes Vertrauensverhältnis – wie auch zu Licht Kunst Licht. Wir waren immer froh, das Team an unserer Seite zu haben – für die Quartiersbeleuchtung und (leider) eingeschränkt auch für die Innenbeleuchtung mehrerer Gebäude.

Last but not least: Das CollignonArchitektur-Team mit Tilman Weitz im Städtebau und mit Heike Warns und Moritz Alt in der Gebäudeplanung an der Spitze hat hier gegen alle Widrigkeiten wirklich Außergewöhnliches geschaffen. Das in schwierigem Kontext erreichte Maß an Kreativität und Präzision – vom Masterplan bis zum 1:1-Detail – kann einem den Atem nehmen. Gesondert erwähnt werden muss Tu Chu, der mit seiner Kreativität und seiner Ausdauer die Architektur neben Moritz Alt und mir an vielen und zentralen Stellen geprägt und dabei im Wortsinne unzählige Visualisierungen erstellt hat. Katarina Oeppert hat das Team durch alle administrativen Höhen und Tiefen geführt – nicht zuletzt auch durch ihre liebevolle Betreuung der unzähligen Meetings und der Besucher*innen. Alle Mitarbeiter*innen am Projekt haben ihren persönlichen Beitrag geleistet und sollen in einer eigenen Auflistung anerkannt werden – mit jedem war es bereichernd zusammenzuarbeiten!

Noch eines: Charly Dahmen hat dieses Buch gestaltet und es damit möglich gemacht. Respekt für diese Leistung einer jungen Architektin!

Oliver Collignon, 1. Juni 2024

Das Collignon Architektur Team

Alle Mitarbeiter*innen von Collignon Architektur, die in der Projektlaufzeit an der Planung des Stadtquartiers Marienhöfe beteiligt waren:

Moritz **Alt**, Serdar **Ayvaz**, Maja **Boskovic**, Tu **Chu**, Silke **Clemens**, Oliver **Collignon**, Charlotte **Dahmen**, Katharina **Hagl**, Hoda **Hanifzadegan**, Mark **Höfler**, Tobias **Juchem-Tresp**, Iryna **Myronchuk**, Shuo **Lin**, Katarina **Oeppert**, Johannes **Reinders**, Bogdan **Savchenko**, Heike **Warns**, Tilman **Weitz**, Thomas **Wiedmann**, Daniela **Wilke**, Valeria **Shchipitsina**, Dao **Zhou**

Impressum

Autor: Oliver Collignon, mit Beiträgen und Beteiligungen von Heike Warns, Moritz Alt, Tilman Weitz, Charlotte Dahmen

WASMUTH Verlag GmbH
Axel-Springer-Straße 43
10969 Berlin
wasmuth-verlag.de

Gestaltung: Charlotte Dahmen, mit Visualisierungen von Tu Chu

Layout und Satz: Rosendahl Borngräber GmbH

Druck: trigger.medien.gmbh, Colditzstraße 34–36, 12099 Berlin

Die Deutsche Nationalbibliothek verzeichnet diese Publikation in der Deutschen Nationalbibliografie. Detaillierte bibliografische Angaben sind im Internet unter www.ddb.de abrufbar.

Printed in Germany, 2024

ISBN 978 3 8030 2227 1